아버지는 술을 마시고 숨는 법을 배웠다.
나는 온갖 것을 배우고 있다.

남은 인
생은
요?

남은 인생은요?

1판 1쇄 발행 2020년 8월 17일

지은이	성
번역	호영
펴낸이	윤정은
펴낸곳	미디어 일다
편집	윤정은
교정	안지혜
디자인	허미경
등록	2003년 1월 24일(312-2003-075)
주소	서울시 마포구 와우산로 37길 48(동교동) 203호
전화	02-362-2034
팩스	02-362-2035
홈페이지	www.ildaro.com
이메일	ilda@ildaro.com
ISBN	979-11-89063-03-0 03800

WHAT ABOUT THE REST OF YOUR LIFE
© Sung Yim 2017
Originally published by Perfect Day Publishing,
Portland, Oregon USA, as *What About the Rest of Your Life*
All rights reserved

이 책의 한국어판 저작권은 Perfect Day Publishing 사와의 독점계약으로
한국어 판권을 유한회사 미디어일다가 소유합니다. 저작권법에 의하며
한국 내에서 보호를 받는 저작물이므로 무단전재와 복제를 금합니다.

※ 책 값은 뒤표지에 있습니다.
※ 잘못 만들어진 책은 구입하신 서점에서 교환해 드립니다..

남은 인생은

성 씀   호영 옮김

트라우마, 가족, 중독
그리고   몸에 관한 기록

요?

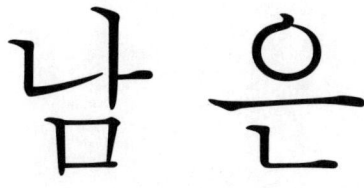

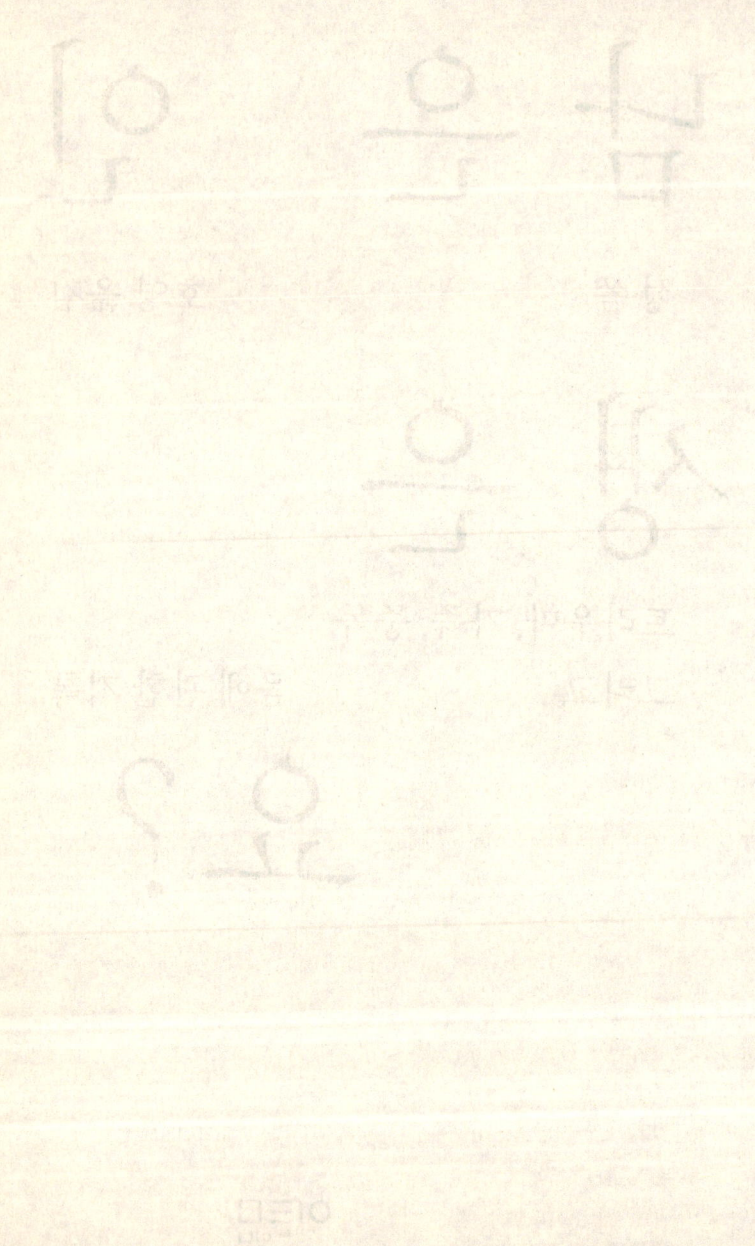

My bad
미안

차례

WHO IS THIS BITCH
.... 10

그런 개같은 건 없다 ⋯ 15

남은 인생은요? ⋯ 35

번호순으로 색칠하기 ⋯ 64

오, 쌀을 넣은 닭고기 수프 ⋯ 83

금붕어와 미꾸라지 ⋯ 105

치유에 대한 몇 가지 메모 ⋯ 124

출판사에 보내는 편지 ⋯ 140

WHAT'S THIS BITCH DOING
.... 142

내가 할 수 있는 최선 ··· 146

출판사에게 보내는 편지 ··· 184

꽃은 겁쟁이들에게나 줘라 ··· 186

아쉽게 실패 ··· 204

WHERE'S THIS BITCH GOING
.... 220

LOVE BUG ··· 267

옮긴이의 말 ··· 311

WHO
BITC

IS THIS
H

밤이 되면 나는 내 방 벽에 입맞춘다. 견고한 어둠 속에서, 차가운 벽에 몸을 맞대고 올록볼록한 표면 위로 손을 미끄러트린다. 때로는 눈을 감고 맷 데이먼^{Matt Damon}을 떠올린다. 비에 젖은 그는 바 밖에 서서 담배에 불을 붙이지 못해 쩔쩔매고 있다. 그는 내게 별로 말을 많이 하지 않았지만 어쩐지 나는 그에게 가족이 없다는 걸 안다. 나는 가족이 있지만 그가 어떤 기분인지 이해한다. 세상에 혼자인 기분. 그는 많은 말을 하지 않는다. 그렇지만 나를 위로해주고 나도 그를 위로한다. 나는 열 살이다.

때로는 〈가위손〉 시절의 위노나 라이더^{Winona Ryder}를 불러온다. 위노나는 부드러운 앙고라 스웨터를 입고 있고 언제나 빛이 나는 듯 아름다운 모습이다. 그녀는 바깥에서 눈을 맞으며 추위에 떨고 있고, 하염없이 무언가를 기다리고 기다리는데 그게 무엇인지 그녀 자신도 알지 못한다. 에드워드는 그의 성으로 되돌아갔고, 그녀는 나처럼 쓸쓸하게 버림받았다. 그녀는 나이 들고 있다. 하루가 다르게 몸이 퍼지고 숨을 헐떡인다. 죽음에 가까워지고 있다. 그녀는 언제나 나에게 아름다울 것이고, 나는 펑퍼짐하고 키가 작고 뭘 어떻게 해야 할지 알 수 없는 가슴이 자라고 있지만 나도 그녀에게 언제나 아름다울 것이다. 나는 위노나에게 이건 영원하지 않을 테고 영원한 건 이 세상에 아무것도 없고 우리 모두 언젠가는 죽을 거니까 그녀가 없는 영원을 보내기보다는 일 초라도 함께하고 싶다고 말한다. 위노나도 나에게 말한다. 학교에서 남자애들이 나에게 "게이냐, 레즈냐"고 자꾸만 물어본다는 걸 알고 있다고, 그리고 나의 이상하게 생긴 뾰족 가슴이 놀림받는 걸 알지만, 내가 그녀에게 생긴 가장 기적 같은 일이라고.

    나는 내 방 벽 안에 있는 사람과 자주 이야기한다. 나는 그 벽 안에 있는 사람과 깊이 연결되어 있고 그로부터 구애를 받는다. 때로 나는 그 사람에게 볼을 비비며 '넌 너무 다정해' 혹은 '무엇보다 널 사랑해'라고 말한다. 때로는 그를 포옹하기 위해 양팔을 벌리고 '넌 정말 아름다워', '다 잘될 거야'라고 속삭인다.

그런 개같은 건 없다

화요일 밤, 로니는 평소처럼 노브라에 흰 티셔츠 차림이다. 한 손에는 유리 파이프를 들고, 회색빛 무른 치아 사이로 불 붙이지 않은 담배를 끼워 문 채 앉아 있다. 퉁퉁 부은 분홍색 다리는 이불로 덮여 있다. 조명은 낮춰져 있고 텔레비전이 아주 낮은 소리로 중얼거리고 있다. "친구가 생리통을 낫게 할 만한 게 좀 필요하대요." 나는 말한다. "자몽 만한 물혹을 꺼낸 후로 통증이 진짜 심하다고 하더라구요." 내가 약을 얼마나 사갈지 더듬거리며 정하는 사이 우리는 파이프에 담긴 대마초를 나눠 피운다.

생리통에 시달리는 친구는 존재하지 않는다. 적어도 약은 그 사람을 위한 것이 아니다. 로니는 움찔거리는 손가락으로 눈썹 위의 깊은 주름 중 하나를 따라 그리며 텔레비전 스크린이 마치 물건을 넣을 수 있는 구멍인 것처럼 뚫어져라 본다. 로니는 헛소리를 들어줄 생각이 없다. 그건 그냥 나 자신을 위한 말이다.

로니는 내가 건네는 50달러를 가지고 화장실로 절뚝거리며 걸어간다. 내가 무릎이 아프냐고 묻자 그녀는 지난 이십 년간 그랬다고 대답한다. 나는 그녀가 다시 절뚝거리며 방으로 돌아와 말보로 레드 담뱃갑의 셀로판지를 마치 남자의 옷을 백 번째 벗기듯 능숙하게 미끄러트리는 걸 바라본다. 내가 엄지손톱을 씹는 동안 그녀는 바이코딘^{Vicodin}을 셀로판 껍질 안에 넣고 윗부분을 접어 내린다. 나는 혹시 바리움^{Valium}은 없냐고 묻는다. 번거롭게 하고 싶진 않지만 근육통에는 근육 이완제가 더 낫지 않을까 해서 묻는다고 말한다. 실은 내가 바리움을 더 좋아하기 때문에 묻는다. 로니는 라이터를 들고 텔레비전에서 눈을 떼지 않은 채

셀로판지를 봉한다.

"애야, 내가 하나 알려줄까." 로니는 길쭉한 말보로에 불을 붙이고 방안을 연기로 가득 채운다.

"진통제 따위, 그런 개같은 건 없어. 피칠갑 해놓고 바이코딘 먹어 봤어? 아픈 건 없어지지 않는다고."

나는 지난달에 계단에서 굴러떨어졌던 순간이 떠오른다.

"바리움. 자낙스Xanax. 바이코딘. 뭐, 술이랑 대마도 그렇고. 다 그냥 신경 끄는 데 도움을 주는 거야. 정신을 다른 곳에 데려다 놓는 거야. 좀더 나은 데로."

로니는 작은 봉지를 건넨다. "통증을 없애주는 약은 없어."

로니네 집 앞 차도에서 완전히 빠져나오기 전, 나는 이빨로 셀로판지를 뜯는다. 온기가 찾아오기를 기다리며 차를 몬다. 내 방은 청소하지 않은 채 방치되어, 그린 폴록Pollock 그림을 벽 네 개로 둘러싼 꼴이다. 담뱃재와 끈적한 레진 얼룩이 묻은 베르베르 러그, 식기 전에 유리 파이프를 올려놓은 탓에 눌어붙은 폴리에스테르 섬유. 난 그곳으로 돌아갈 준비가 되어 있지 않다. 나는 모르는 사람들이 사는 집이 늘어선 주택가 일방통행로에 들어갔다 나오길 반복하면서, 창가에 뭔가 재미있는 것이 있다는, 움직임이나 살아 있는 무언가가 있다는 신호를 찾는다. 여기서 찾고 있는 무언가가 있어서 내가 이러는 거지, 가슴이 숨으로 채울 수 있는 것 이상으로 풀어지길 기다리는 것은 아니라고 스스로에게 말한다. 왜 아직까지 아무것도 찾지 못했는지 더 이상 신경 쓰이지 않을 때에 집에 갈 수 있다. 내 더러운 방구석이 더 이상 신경 쓰이지 않을 정도로 정신이 나갔을 때.

텔레비전은 언제나 음소거 상태로 켜져 있고, 빛은 언제나 바뀐다. 복음 방송, 친자 확인 검사, 12개짜리 식칼 세트 홈쇼핑 광고. 나는 화면 속에서 소리 없이 여닫히는 입들을 본다. 치아가 픽셀로 쪼개지는 것을 지켜본다. 침대 한쪽 귀퉁이에 웅크려 눕는다. 종이, 책과 과자 껍질, 읽지 않은 우편물 더미 옆에서 잠을 자려고 노력한다. 잠을 잔다기 보다는 잠에 빠진다는 게 더 정확하다. 의도적으로 잠들려고 하는 건 너무 무섭다. 몸을 쪼그리면 침대가 어쩐지 조금이나마 더 안전하게 느껴진다. 널브러진 파편들이 부스럭거리는 소리는 어쩐지 편안함을 준다. 이건 내가 아는 유일한 잠자는 방법이다.

나는 스무 살의 문턱에 서 있다. 죽고 싶지는 않지만, 살만한 이유도 없다. 쓸모 있는 하고 싶은 말도 없다.

언제나 치우기에는 너무 힘든 수준의 난장판이 벌어져 있다. 나는 언제나 무언가를 하기에는 너무 지쳐 있다.

나는 자낙스 한 병을 우유와 함께 삼킨다.

언제나 무언가가 있다.

너저분한 방안에 재즈가 흐르고 있을 것이다. 술 취한 남자친구가 텔레비전을 향해 인종주의적인 욕설을 퍼붓고 있을 것이다. 분노로 새하얗게 달궈져 있는 그는 현실감을 잃은 상태일 테고, 그의 화는 마치 동화 속 거인처럼 시간 밖으로 튀어나온 괴물 같을 것이다. 그는 나에게 이민자 치고 깨끗한 냄새가 난다고 말할 것이다. 내가 그의 냅킨에 향신료 얼룩을 남긴다고, 여드름을 악화시킨다고 말하고, 나를 여기에 있게 한 아버지들 덕분에 내가 봐줄 만하다고 말할 것이다. 내가 정치 얘기를 안 하고 있을 때 예쁘다고 할 것이고, 내가 더 나아질 수 있다고, 더 잘할 수 있다고 할 것이다. 그는 전쟁 영화를 너무 많이 본 백인 남자애들에게 전화를 거는 내 습관을 끊게 만들 것이다. 하지만 백인 남자애들은 여전히 전화를 걸어올 것이다. 백인 남자애들은 계속해서 내게 알맹이 없는 야한 말을 해달라고 조를 것이다. 나에게 자기가 쓴 시를 읽어보라고, 달마에 대해 이야기하자고, 스시에 대해 말하자고, 스탠리 큐브릭Stanley Kubrick에 대해 얘기하자고, *완전 발정난 얘기를 하자고*, 한 번도 나와 같은 류와는 한 적 없다고 말할 것이다. 그리고 엉망진창인 방에 재즈가 흐르고 있을 것이다. 약은 멈출 것이다. 약은 멈출 것이다. 약은 내 곤두선 감각을 넓고 부드러운 숨결로 감싸 몸의 느낌을 다시 일깨워줄 것이다. 나는 내가 혼자라는 것조차 잊어버릴 만큼 슬픈 트럼펫 연주 속에서 깨어날 것이다. 부재중 전화가 와 있다는 걸 잊을 것이다. 도와 달라고, 향신료를 달라고, 자기네 엄마의 버터 파스타와 저녁 식사 기도로부터 구해달라고 우는 백인 남자애들을 잊을 것이다. 반투명한 매실주를 앞에 두고 마일즈 데이비스 Miles Davis 이야기를 하는 나의 아버지가 있을 것이고, 그는 나에게 *백인 남자는 이런 슬픔을 연주하지 않지no white man play this kind of sad* 라고 말할 것이다. 좋은 인삼이 있을 것이다. 할머니가 만든 육수에 들어 있는, 산 흙에서 자란, 트루먼의 제트기 아래에서 갈라져 터지는 황해 같은 내 눈물의 소금기로 물들어 짙은 색으로 얼룩지고 쓴 맛이 나는.

나는 스무 살의 문턱에 서 있다. 내가 가장 좋아하는 영화는 아무래도 브레송Bresson의 〈소매치기Pickpocket〉다. 아니면 헤르조그Herzog의 〈스트로스첵Stroszek〉. 아니, 〈검모Gummo〉다. 〈키즈Kids〉다. 존재의 공허와 반항적인, 무기력이 섞인 음울한 아트하우스 작품이라면 무엇이든 좋다. 아무것도 느끼지 않는 것에 대해 무언가를 느끼게 하는 영화, 제목이 어느 정도 해괴해서 내가 세련되고 쿨한 사람이라는 느낌을 주는 영화. 나는 톰 웨이츠Tom Waits와 캡틴 비프하트Captain Beefheart를 많이 듣는다. 부카우스키Bukowski와 카버Carver를 많이 읽는다. 그들처럼 글을 쓰고 싶다. 그들 같은 목소리를 내고 싶고, 그들처럼 살고 싶고, 그들처럼 읽히고 이해 받고 싶다. 내 생의 작업이 이들 남성들의 작품처럼 보편적으로 황량한 감정적 지형을 그리기 바란다.

끔찍한 태양에 대해 쓰고 싶다. 차가운 백합 같은 우유병에 대해 쓰고 싶다. 떨어지는 물건에 대해 쓰고 싶다. 시도하고 실패하는 이야기와 의도치 않은 의미를 전하는 손짓과 몸짓에 대해 쓰고 싶다. 몇몇 어떤 특정 인종에게만 있는 고통이 아닌, 이름 없는 고통이 넘실대는, 백인 남성들이 그들의 집에 있는 장면을 설정한다. 그들 삶의 세세한 부분을 그려본다. 담배와 상담치료와 결혼을 둘러싼 그들의 의례를. 내가 이런 이야기를 쓰는 이유는 우울은 독한 술 때문에 목소리가 갈라진 노동 계급 백인 남성들에게, 피해망상적 불안과 의존적 신경증은 그들의 백인 아내들에게 속하는 것이기 때문이다. 그게 내가 파리 리뷰The Paris Review, 맥스위니McSweeney's, 아틀란틱The Atlantic을 읽고, 칸Cannes과 선댄스Sundance 영화제 수상작을 보고, 학기마다 현대 문학 고전을 공부하면서 배운 것이다.

나는 플란넬과 갈라진 보도블록 위로 떨어지는 비에 대해 쓴다. 낡은 포드 트럭을 쓴다. 무기력한 바람둥이가 안방에 있는 총을 떠올릴 때 위스키로 후끈 달아오르는 뺨에 대해 쓴다. 나는 내가 온전히 나 자신으로서 페이지 위에 나타날 수 없을 거라 예감한다. 거름망에 쑤셔 박혔다 나와 색을 알아볼 수 없는 헝겊 조각으로밖에 드러날 수 없다고 생각한다.

엄마는 차를 벤&제리 아이스크림 가게 앞에 바짝 세울 것이다. 엄마는 한번도 내게 얼굴을 돌리지 않을 테고, 나는 엄마가 창문 너머로 별 하나 없는 밤에 무엇을 보는지 영원히 알아내지 못할 것이다. 내가 차창 밖 유리창 너머로 캔버스 신발을 신은 주근깨 투성이 백인 아이들이 아이스크림 샘플로 모든 맛을 보는 걸 지켜보는 사이, 엔진은 그르릉거릴 것이다. 엄마는 "네가 우리 가족을 망쳤어.You ruined our family."라고 말할 것이다. 아이스크림을 살 생각이 없는 아이들이 망설이는 손짓으로 또 다른 맛을 가리킬 때, 프랜차이즈 가게를 운영하는 파키스탄계 주인은 웃으며 아이스크림을 뜨고 또 뜨고, 플라스틱 스푼을 버리고 또 새로운 스푼을 집어들 것이다. 저 아저씨는 얼마나 벌까, 나는 생각할 것이다. 복리도 포함되어 있을까, 일주일에 몇 시간 일할까, 비품을 사기 위해 사비를 어느 정도 쓸까. 엄마는 다시 한 번 말할 것이다. "네가 우리 가족을 망쳤어.You ruined our family." 아침이 되면 또 다른 사채업자가 독촉 전화를 해서 우리에게 그 사실을 상기시킬 것이다. 나는 "알아요.I know."라고 대답할 것이다. 엄마는 말할 것이다. "하지만 나도 네 인생을 망치지.But I ruin your life."

엄마는 그 자리에 앉아 "너 왜 이래?Why you do like this?"라고 물을 것이다. 엄마는 "이 약을 왜 했어?Why you do this drug?"라고 물을 것이다. 엄마는 "왜 항상 이런 식이야?Why you always?"라고 물을 것이다. 나는 기억할 것이다. 내 얼굴을 가로지른 엄마의 손의 열기를, 홧김에 나에게 뱉어낸 위협들을, 어른들이 없는 조용한 집을. 엄마는 "그게 한국 방식이야.That's Korean way."라고 말할 것이고 우리 둘 중 누구도 그 변명을 믿지 않지만 그 말의 묵직한 필요성을 받아들일 것이다. 엄마는 회상할 것이다. 나를 옆집에서 끌고 나왔던 날을, 그리고 내가 엄마에게 그 남자가 나에게 무엇을 한 거냐고, 그게 무슨 의미냐고 물었을 때 침묵한 자신을. 엄마는 기억해낼 것이다. 내가 그 질문에 스스로 답을 했다는 것을 깨닫게 된 날을. 내가 강간에 있어서 '왜'라는 질문을 풀어내는 것을 보면서, 책임 소재로 내 몸에 선고를 내리는 걸 보면서, 나의 양 팔뚝에 늘어나는 상처를 보면서, 그게 내가 엉망진창인 이유 중 하나일 뿐이라는 것을 알게 되면서, 내가 엄마를 탓할 때 엄마는 나를 탓하면서, 내가 엄마를 더 이상 탓할 수 없게 되자 자기 스스로를 탓하면서, 엄마는 말할 것이다. "날 용서해라.You must forgive me."라고. 엄마는 영어로 말하길 그만두고, 제발 하나님을 마음에 들이라고 나에게 애원할 것이다. 나는 쓸모 있는 말이라곤 하나도 할 수 없을 것이다. 아이들은 한 푼도 쓰지 않고 벤&제리 아이스크림 가게를 나설 것이다. 라디오는 지지직거리며 백색 소음을 내뿜을 것이다. 나는 이것보다 더 미국적인 풍경을 알지 못할 것이다.

나는 스스로를 영어식 이름으로 소개하기 시작한다. 그렇게 하는 게 어이없이 틀린 발음과 좋은 의도를 가진 백인들의 취조로부터 나를 구원해줄 것처럼 말이다. 나는 글을 쓸 때도 앨리스, 제리, 캐롤, 피터와 같은 이름을 가진 서술자와 인물들이 내 글에 더 넓은 그물망을 던질 수 있게 해줄 것마냥 그들에게 매달린다. 선생님으로부터 "남성 인물을 잘 쓴다."는 칭찬을 받고는 기쁨에 겨워한다. 남성 인물을 써야만 한다는 강박이 잘못된 것일지도 모른다는 생각은 전혀 떠오르지 않는다. 내가 쓰는 남성 인물들이 부정할 수 없이, 보이지 않게, 의뭉스럽게 백인이라는 것도.

나는 내가 아는, 사랑하는, 그리고 나인 사람들을 어떻게 써야 할지 전혀 모른다. 그 단어들을 제대로 보이게 하는 방법을 모르겠다. 한국인Korean, 쌍꺼풀 없는monolid, 외꺼풀epicanthic, 발효fermentation, 고춧가루chili flakes, 암염rock salt, 쌀rice, 심지어 내 본명까지, 모두 종이 위에서 못나 보인다. 그 단어들은 들어갈 자리가 없다. 거칠게 끊어내는 듯한 어절들, 우리의 이름과 장소의 간결한 구조, 이 모든 것은 라틴 알파벳이라는 틀을 거쳤을 때 납작하게 짓눌려 못나 보인다. 독자들이 감정에 녹아 들어가지 못하게 만든다. 정도는 다르더라도 누구나 느껴본 적 있는, 갈 곳 잃고 서성이는 감정들 말이다. 특별히 흥미로운-그래서 격동을 거치는-성장기의 고독, 그리고 궁핍함. 나는 Soo-Bin과 Ki-Hong이 처음으로 맥주를 마신 날이나, 임신 가능성 때문에 서로 멀어지게 되는 진지한 이야기를 쓸 수 없다. 그들이 어디에서 왔는지, 이름은 무슨 뜻인지 언급하지 않고서, 그리고 '그런 거 더 많이 써 봐'라는 말을 듣지 않고서는 그들에 대한 이야기를 쓸 수 없다.

<u>스스로를 '성애'라고 부르면 '그런 이야기 더 해 봐'라는 말을 듣지 않을 수 없다.</u>

물어보는 사람은 언제나 있을 것이다. 그래도 멋대로 가정하는 것보다는 견딜만할 것이다. 지푸라기색 머리카락을 가진 뉴잉글랜드 사람이 TV에 나와 김치볶음밥에 간장을 부어댈 것이다. 어

느 백인 관광객은 마치 '어떻게 지냈어요'라는 질문이 한국어로 말하면 엄청나게 심오한 말이라도 되는 듯이 '기분kibun'이라는 단어에 대해 글을 쓸 것이다. 또는 동양의 겸손함과 서구적 개인주의, 동양의 사과 방식과 서구의 수치심을 비교하거나.

누군가가 "K-pop과 J-pop의 차이가 뭐에요?" "한국에서는 다 불교 신자인가요?" "한국, 일본, 중국 사람들을 어떻게 구분해요?"라고 물어보면 오히려 안도감이 들 정도이다. 확정적인 대답을 해줄 순 없지만.

역사를 깊숙이 파고드는 질문을 받을 때가 있을 것이다. 오래 전에 박혔던 나무 가시가 살아나 다시 살갗을 파고드는 기분이다. 역사 덕후, 백인 남자애들, 케루악Kerouac 팬들, 그리고 도가를 오랫동안 공부한 사람들이 '위안부'와 일본, 북한의 공산주의, 서울이 서구식 상업주의를 포용한 점에 대해 물을 것이고, 왜 한인슈퍼에서 일하는 아주머니들은 hello, please, thank you 같은 인사를 하지 않는지 물을 것이다. 그들은 질문하면서 침입을 중재로, 트라우마를 하찮은 사건으로, 유산을 역사로, 경계심을 적대감으로 치환할 것이다.

엄마가 싸준 내 도시락 통에서 반찬을 꺼내 밥 없이 먹으며,

나에게 언제나 생선 냄새가 난다고 하는 백인 여자애들이 있을 것이다. "넌 악센트가 그렇게 두드러지진 않아."라는 말을 칭찬으로 하는 백인 남자애들이 있을 것이다.

    나는 할말이 너무나 많지만, 그들에게 할말은 없을 것이다.

나무들은 자두색과 노란색으로 폭죽을 터트리고 있고, 하늘은 요란한 파란색이다. 나는 조수석 창 밖으로 팔을 내밀어 바람을 타고 있다. 평온한 봄이다. 친구는 나를 병원으로 데려가고 있다. 그녀는 울고 있다.

    그녀는 "나한테 이러지 마."라고 한다. 나는 무엇을, 어떻게 하지 말라는 건지 몇 년 동안 이해하지 못할 것이다. 아직 약 기운을 타고 있으니까.

    내 몸은 터진 풀무통♣이다. 나는 들이마셔도 들이마셔도 끝나지 않는 듯한 긴 숨을 쉰다. 나는 여기에 있고 여기에 있지 않다. 나는 웃고 있고 웃고 있지 않다. 내 친구는 라디오 볼륨을 높여 자신의 울음소리, 아니면 내 웃음소리를 덮는다.

♣ 풀무통: 불을 피울 때에 바람을 일으키는 기구._역주

나는 입원 서류를 쓰다가 대기실에서 기절한다.

눈을 뜨자 나는 심장외과에 있다. 손에는 나비바늘이 꽂혀 있고 가슴에는 전극이 달려 있다. 여기에 내가 있다. 내 심장을 모니터에 띄운 채. 나는 아직도 약에 취해 있다. 내 친구는 침대 옆에 앉아 있다. 그녀는 머리를 가로저으며 다시 한 번 말한다. "나한테 이러지 마."

쓸모 있는 말이 떠오르지 않는다.

옆 침대에 있는 여자애는 소리 죽여 울고 있다. 방문 옆에 대기하고 있는 간호사가 우리에게 TV 채널을 골라보라고 리모컨을 밀어 준다. 여자애는 엄마에게서 전화가 왔냐고 묻는다. 대답은, 아니.

나는 이번에는 한 번쯤 옳은 일을 해야겠다는 생각을 한다. 언제든 해야 하는 일은 있다. 나는 그 여자애에게, 그 애가 확실히 알고 있도록 하려고, 그 애가 안다는 걸 나도 알아야 하기 때문에, 병원 침대라는 뻣뻣한 자리에서 누군가가 나타나 자기를 사랑해주기를 기다리는 사이 이 말을 듣는다면 분명 깊이 안도하게 될 터이기 때문에, 이렇게 말한다. "너 말야, 완전 예뻐."

쓸모 있는 말이 떠오르지 않는다.

교재 목록과 발행인란을 훑는 비스듬한 시선이 있을 것이다. 내 이름이 '클레어'인 초고가 있을 것이다. 나의 이름이 '조안'인 원고도. 그곳에서는, 나는 대추의 맛과 그 붉은 가죽 같은 껍질을 그리워하지 않는다. 그 사이 간호사가 질문들을 한다. 나는 주제와 동기, 인물의 3대 구성요소를 종이 위에서 저울질한다. 이민자 '성sung'이 엉망진창인 '성'이나 작가로서의 '성'을 퇴색시키지 않고 틀을 잡을 수 있는지 궁금해하면서. 그건 액젓을, 고추장을 너무 많이 넣어버린 요리 같을까. 지나치게 발효되어버린 맛일까.

이보다 더 많은 것이 있을 것이다—경련억제제, 긴장이상반응, 극심한 외로움, 달처럼 무거운 잠. 나는 한 여자가 플라스틱 시트 위에서 발작으로 움찔거리는 것을, 길고 굽이치는 신음으로 자신의 수치심이 들여다보이는 문을 닫아달라고 애원하는 것을 지켜볼 것이다. 약간의 애플소스를 받기 위해 식당에 발을 끌며 걸어가는 환자들, 전기충격요법을 받은 뒤 잠에 빠졌다가 깨어나길 반복하는 시들시들한 환자들이 있을 것이다. 쎄로켈Seroquel을 처방 받고 몸을 가누지 못하는 터키 남자애가 있을 것이고 나는 그 애에게 저 냉기가, 까끌거리는 카펫이, 아침식사마다 나오는 알갱이가 씹히는 분말 달걀이 느껴지냐고, 그걸 좋아하냐고 물을 것이다. 그는 안녕하세요, 감사합니다, 주세요를 중얼거릴 것이고 미국 중서부 지역 출신의 백인 간호사들은 그 애의 조각난 생각을 영어 실력 부족이라 여길 것이다.

역겨움이 있을 것이다. 절망이 있을 것이다. 황갈색 머리칼을 가진 마약중독자가 "너 쭝궁마래?You speaky Chinee?"라고 말하면서 차가운 오트밀을 씹지 않고 넘길 것이다. 문이 끼익거리는 소리에 일어나 간호사와 눈을 마주칠 것이다. 그녀는 손목시계의 분침을 바라보며 내 호흡을 셀 것이고 이건 내가 하려는 이야기가 아니지만 그녀의 눈은 초록색이며 내 눈은 석탄처럼 까맣고, 그녀의 옆모습은 산등성이처럼 높고 뾰족하게 세워져 있을 것이며 나는 석양처럼, 둥글고 뭉툭하고 어둑어둑하게 사라질 것이다.

이것은 내가 하려는 이야기가 아니다. 더 많은 것이 있을 것이다. 더 많은 것이 있을 것이다. 막내 동생이 훌쩍이며 퇴원하면 미역과 토란을 먹자고 약속하는 전화가 올 것이다. 동생은 나를 '누나'라고 부르며 내 뼛속까지 느껴지도록 꽉 껴안을 것이다. 이것은 내가 하려는 이야기가 아니지만 그 이야기이기도 하다. 엄마와 차를 타고 돌아다닐 때 그 시공간은 우리가 서로에 대해 아는 것들, 말하지 않은 것들로 무겁게 채워져 있다. 엄마의 피부에 얽은 자국을 남긴 피부 표백제, 옅은 눈썹 아래 푸르게 색이 바래고 있는 문신, 눈가의 잔주름으로 이어지는 작은 메스 자국. 하고 싶은 이야기이지만 하고 싶지 않은 이야기, 노란 얼굴 대 얼굴로 말하기에는 따끔거리지만 쓰여져야만 하는 것들 말이다.

등하교 버스에서 나는 주로 혼자 앉는다. 나는 아무도 모른다. 다른 아이들은 모두 친구가 있다. 다른 아이들은 모두 백인이다. 하루는 에밀리 피아세키가 내 옆에 앉는다. 나는 울고 있고 에밀리 피아세키가 나를 쳐다보고 있지 않으면 좋겠다고 생각한다. "무슨 일이야?" 그녀가 묻는다. "아무것도 아니야." 나는 말한다. "그럼 왜 울고 있어?" 나는 숙제를 못 찾아서 버스를 놓칠 뻔 했기 때문에 엄마가 엄청 화가 나서 나를 때렸다고 말한다. 에밀리 피아세키는 손을 내 어깨에 올려놓는다. "너네 엄마, 그런 거 하면 안 돼." 나는 울고 있다. 나는 그게 무슨 뜻이냐고 묻는다. "그렇게 하는 거 불법이야, 너네 엄마는 너를 때리면 안돼." 그녀는 말한다. "몰랐어? 너네 엄마 감옥에 갈 수도 있어." 나는 조용해진다. "몰랐어?" 그녀는 다시 묻는다. 나는 별일 아니라고 대답한다. "진짜 괜찮은 거야?" 그녀는 묻는다. 나는 "응, 괜찮아."라고 말한다. 에밀리 피아세키와 나는 친구가 되지 않았지만 때때로 나는 그랬으면 좋았을 거라고 생각한다.

남은 인생은요?

고등학교를 때려치우고 나는 친구 팻과 거의 매일 시간을 보내기 시작한다. 팻은 대학을 그만둔 백수다. 7년 전 부모님이 구질구질하게 헤어진 뒤에, 이혼 가정의 성인 자녀로서 남은 이십 대를 엄마에게 얹혀 살고 있다. 그는 큰 갈색 눈, 모래 빛깔 머리카락, 깔끔하게 정리된 짧은 수염이 있다. 그가 늘 같은 상태로 유지하는 것이라곤 이 정도 뿐이다. 그는 언제나 움직이는 중이고, 할 걸 찾아서 어딘가로 운전하고 있다. 그는 언제나 심심해하는데 그건 나도 그렇다. 내가 아는 모든 사람들은 할 일이 많다. 학교를 다니거나 일을 한다. 팻이 나를 시도 때도 없이 불러내기 시작하기 전, 나는 깨어 있는 것이 싫어서 침대에서 아침부터 저녁까지 대마초를 피우거나 자낙스나 바이코딘을 한 움큼씩 삼키곤 했다.

어느 날 팻이 전화를 해서 그가 차고 세일♣에서 만난 사람과 저녁을 먹는 자리에 나를 초대한다. 팻은 항상 차고 세일이나 커피숍이나 영화관에서 사람들을 만난다. 그건 이상한 일이지만 새로운 일도 아니다. 그래서 우리는 바스티앙이라는 남자를 엠허스트가에 있는 팔라펠 가게에서 만난다. 바스티앙은 매력적으로 뒤틀린 치열을 가진 빼빼 마른 백인 남자이고, 팻 또래로 보인다. 우리는 야외에 테이블을 잡고 후무스와 케밥을 먹으며 이야기한다.

팻과 나는 지나치게 많은 말을 하고 있다. 최악의 원나잇, 이별, 트라우마에 대해 아무것도 아닌 것처럼 말한다. 외로우면 그

♣ 차고 세일: 주로 미국 교외지역에서 열리는 알뜰시장의 한 형태로 자택의 차고 앞에서 중고 물품을 판매한다._역주

렇게 하는 법이다. 우리 중 하나가 말할 때마다 바스티앙은 눈을 맞추고 몸을 앞으로 기울이지만, 그 행동은 부담스럽게 느껴지기보다 관심을 가지고 따뜻하게 듣고 있다는 인상을 준다.

우리가 편안하게 한숨을 내쉬며 남은 후무스를 피타 빵으로 쓸어 모아 삼키는 동안, 바스티앙은 다양한 팸플릿을 우리 앞에 펼친다. 「당신의 가장 진실한 잠재력을 실현하는 법」 그리고 「명상: 치유의 길」과 같은 제목이 눈에 들어온다. 바스티앙은 말한다. "나도 그렇게 느꼈던 때가 있었어. 내 인생이 아무 방향도 목적도 없는 것처럼."

냅킨들이 바람에 펄럭이고 근처 덤불 속에서 새들이 움찔거린다. 난 이 모든 걸 어떻게 이해해야 할 지 모르지만, 팻은 음식을 우물거리면서 팸플릿 하나를 살펴보면서 크고 천천히 고개를 끄덕인다. "명상은 기도랑 되게 비슷한 거 같아. 상담이라던가." 그는 언제나 긍정적인 말을 하려고 노력하는데, 부모님의 이혼 때문에 이런 식으로 사람들에게 잘 보이려는 습관이 생겼다고 탓한다. 팻은 내가 이야기에 흥미를 느끼고 있는지 가늠하기 위해 나른한 갈색 눈을 내 방향으로 돌린다. 나는 포크로 노란 밥알 하나를 접시 반대편으로 밀고 있다. 바스티앙 뒤편에서 해가 지고 있고, 그에게 기묘한 빛을 드리운다. 식당은 이제 저녁 식사를 하러 온 손님들로 북적이고, 끊겼다가 이어지는 말소리, 포크와 나이프가 부딪히는 소리, 아기들이 재촉하며 낑낑거리는 소리 사이로, 유리와 플라스틱과 금속에 반사되어 튕겨져 나오는 빛이 우리를 감싸고 있다. 도로 위에서는 교통 정체가 천천히 풀어지는 중이고, 이따금 경적 소리가 우리의 침묵에 구두점을 찍는다.

나는 팸플릿을 훑어본다.

스스로의 중심을 잡는 간단한 액티비티 세 가지!

나는 그게 무슨 말인지 모른다. '스스로의 중심을 잡는다.' 그런데 내 삶은 이미 통째로 나 아닌가? 뿌리 없이 둥둥 떠다니는? 그게 교외지역의 삶의 특징 아니었나? 막다른 길로 구부러지는 주택 덩어리들, 망해가는 가게들로 가득한 쇼핑몰로 이어지는, 죽은 부자들과 유럽의 도시에서 이름을 딴 도로들, 10년 안에 동네 아줌마 아저씨가 운영하던 구멍가게가 '조지 슈퍼마켓'으로, 그게 '화이트 헨'＋으로, 그 다음에는 세븐일레븐으로 변하는 이 지역에서? 여기는 아무 것도 할 게 없어서 술이나 약을 진탕 마시거나 섹스를 할 만한 지하실을 찾아 돌아다니고, 어딘가 갈

＋화이트 헨: 미국 일리노이주의 프랜차이즈 편의점_역주

곳을 찾으며, 여름에는 땀을 흘리며 휘적휘적 걷고, 데어리퀸Dairy Queen에 들릴 만한 이유를 만들기 위해 약을 하는 곳 아닌가?

액티비티 #1: 거울 바라보기

큰 거울 앞에 앉거나 섭니다. 거울에 비친 자신의 모습을 바라보며, 의식으로 생각이 흘러 들어오고 흘러나가는 것을 지켜보세요. 집중하지 못하더라도 스스로를 용서합니다.

미국 담배 브랜드 태레이튼Tareyton은 1954년에 설립되었다. 오늘날 대부분의 담배 브랜드는 가벼운 마분지 케이스를 사용하지만, 태레이튼은 다르다. 마치 껌 포장지 같은 은색 호일을 부드러운 흰색 종이로 감싸고 그 위를 투명한 셀로판지로 덮어 담배를 포장하고 있다. 두 개의 강렬한 빨간색 스트라이프가 앞면과 윗부분을 가로지르고, 태레이튼이라는 브랜드명이 감각적인 검정 세리프 폰트로 인쇄되어 있다. 담배에는 개비마다 오래된 영국 명문가의 문장 같은 상징이 필터 근처에 옅은 회색으로 장식되어 있다. 태레이튼의 가장 장기간 사용된 광고 캠페인은 *우리*

태레이튼 애연가들은 바꾸느니 차라리 싸우겠습니다! 라는 태그라인 아래 발칙한 느낌으로 멍든 것처럼 눈화장을 한 흡연자들의 이미지였다.

처음으로 태레이튼을 팻에게서 얻어 피웠던 날, 나는 더 이상 다른 담배는 피우지 않겠다고 결심한다. 기다란 태레이튼100을 피우면 마치 영화 속 주인공이 된 느낌이다. 곧 나는 흡연자라기보다는 태레이튼 마니아가 된다. 구하기가 비교적 어렵기 때문에 때로 나는 태레이튼을 구하러 레이크 카운티에 있는 담배 가게까지 운전해 가야 한다. 때로는 재고가 있는지 확인하기 위해 미리 전화를 걸기까지 한다. 지난 몇 년에 걸쳐 수요가 줄면서 가게에서도 서서히 판매를 줄이고 있고, 내가 전화를 걸면 대부분의 주인들은 브랜드명을 다시 말해달라고 한다.

나도 나름대로 타당한 이유를 미리 준비해두고 있다. 태레이튼이 *더 맛있으니까* - 1960년대에 나온 또 다른 광고는 태레이튼 필터는 섬유질과 활성탄을 결합한 특유의 디자인으로 제작되어 더 부드러운 맛을 선사한다고 자랑한다. 태레이튼은 *스타일리시하니까* - 브랜드 특유의 미니멀한 포장은 트루먼 카포트[Truman Capote] 소설의 분위기를 자아낸다. 차에 기름 넣을 돈이 없을 때면 나는 담배를 피우지 않는다. 언제든 다른 브랜드로 바꿔 피울 수도 있지만, 운전해서 담배를 사러 가는 게 매력의 일부이기 때문이다. 뭔가 할 일이 생기니까. 집을 나설 이유를 주니까.

때로 나는 카펜터스빌에 있는 직원 공동소유의 생협 매장인 우드먼즈까지 차를 몰고 간다. 24시간 영업이라서 팻과 나는 밤 12시 반쯤 차 안에서 대마를 피우고 가게로 함께 걸어 들어간다. 심야 근무를 하는 직원 세 명 정도뿐인 가게는 쥐죽은듯 고요하다.

우드먼즈는 다른 시대에서 온 것 같은 물건, 월마트에서는 찾아볼 수 없는 것들을 판다. 팻은 다시 밀봉할 수 있는 봉지에 담긴 '바삭바삭 블루베리 머핀' 시리얼을 가리킨다. 나는 틴 스피릿 데오도런트를 하나 들고 팻에게 냄새를 맡아보게 한다. 커트 코베인Kurt Cobain이 이름을 따 노래 제목을 지은 바로 그 브랜드이다. '스윗 스트로베리'라는 향을 맡더니 팻은 "만약에 겨드랑이에서 이런 냄새가 나면 보지에 박듯이 섹스하겠다."라고 말한다.

우리는 한 시간 정도, 약 기운이 흐릿해질 때까지 신발을 벗고 통로를 미끄러져 내려가며 신상 아이스크림과 탄산음료를 살펴본다. 그 다음 가게를 나서기 전에 치즈 커드, 스윗 스트로베리 데오도런트, 그리고 태레이튼 한 갑을 산다.

어떤 날은 더 재미있다. 우리는 새벽 두 시의 들뜬 떨림을 안고 별생각 없이 낄낄거리면서 냉동식품 구간을 앞다퉈 지나가기도 한다. 하지만 우리가 그냥 시간을 버리고 있다는 사실을 지나치게 의식하는 날도 있다. 실은 정적이 너무 두려워서, 텔레비전을 켜두고 감각이 마비될 때까지 무언가를 피워대다가 곯아떨어질 순간을 간신히 미루고 있다는 그 사실을 말이다.

대부분 나는 해가 떠오르고 새들이 지저귀기 시작할 때까지 잠들지 못한다.

어느 밤에 팻의 낡은 금색 세단이 우리 집 앞에 선다. 경적을 울리거나 나를 부르지 않아도 나는 지친 엔진의 그릉거리는 소리를 지하실 창문을 통해 들을 수 있고, 신발끈이 풀린 채로 달려나가기 전에 팻에게 왜 왔냐고 묻지 않는다. 잘 시간은 언제든 있을 것이다. 아침에 일어날 이유도 없으니까.

자동차 헤드라이트가 화상을 입힐 것처럼 뜨겁게 날 비춘다. 나는 내 발에 걸려 넘어지다시피 조수석에 미끄러져 들어가 벨트를 멘다. 팻은 CD 모음을 뒤적거리고 있다. 음악을 고르는 건 언제나 팻이다. 그는 요즘 듣고 싶은 걸 도저히 못 찾겠다고 말한다. 그가 이런 말을 하는 건 드문 일이 아니고 이건 꼭 음악에 대한 이야기도 아니며 요즘이란 상대적인 개념이란 걸 그도 안다. 그를 편안하게 해주는 음악은 없고, 우리가 늘 흠뻑 빠지고 마는 위험에 처한 기분과 어울리는 노래란 존재하지 않는다는 걸. 정확히 이름을 붙일 수도 없는 그 기분이 우리가 언제든지 떠날 준비가 되어 있는 이유라는 걸. 그게 내가 항상 전화를 받는 이유이고 우리가 낡은 발리우드 극장까지 차가운 사모사를 먹으러 20마일을 운전해 가거나 저녁 예배 시간에 모르는 사람들이 다니는 교회 통로를 어슬렁거리는 이유라는 걸 그도 알고 있기 때문에, 그가 마침내 포기하고 스매싱 펌킨스Smashing Pumpkins 앨범을 고른 건 우리가 집 앞에서 기름을 낭비하면서 더 있을 수는 없다고 생각할 뿐이다. 그래도 팻은 볼륨을 잔뜩 높인다.

팻은 작은 유리 파이프에 불을 붙여 나에게 건넨다. 차가 집에서 점점 멀어지는 동안, 연기는 얇은 막을 이뤄 흩날린다. 음악이 너무 커서 말썽꾸러기가 된 것 같은 짜릿함이 느껴진다. *우린 이제 나쁜 짓을 할거야.*

어디로 가는 거냐고 묻자, 팻은 "우주로!" 라고 말한다.

약에 취해 하는 개소리란. 우리는 그 말이 사실이기를 바라는 마음에 웃는다. 지구상 그 무엇도 우리를 흥분시키거나 편안하게 할 수 없기에, 모든 게 외계인이든 죽은 사람이든 어쩌면 그게 우리일지도. 우리는 더 뻔쩍뻔쩍한 이층집들이 있는 멈포드 스트리트를 내려가고, 팻의 어머니 집이 있는 트레일사이드 코트와, 비가 오면 쏴쏴 소리를 내는 알루미늄 외장재로 1970년대에 지어진 박스 형태의 작은 집들을 지나, 우리가 어릴 때부터 걸어 다녔지만 제대로 알거나 사랑한 적은 없는, 나팔꽃과 아이비가 기어오르는 낡은 담장이 있는 거리를 지나친다.

차가 나가는 길이 없고 우리 둘 중 누구도 다니지 않은 초등학교의 진입로 로타리로 이어지는 하만 스트리트로 들어서자 팻은 나에게 무거운 튜브를 건넨다. 다이너마이트처럼 묵직한 것이, 분홍색 햄 빛깔 종이에 싸여 있다. 위험해 보인다. 팻은 아까 자전거를 타고 다니다 발견한 조명탄이라고 설명한다. 자전거를 그 늦은 시간에 어디서 왜 탔는지는 말하지 않고, 나도 묻지 않는다. 우리는 차에서 내리고 팻은 학교 뒤쪽 수풀 옆 도랑으로 이어지는 공터를 가리킨다.

"여름에는 애들이 여기서 축구를 해. 나는 고등학교 때 이 공터에서 술 취해서 누워 있었고." 그는 우리가 약에 취해 있기만 하다면 뭐든지 재미있을 거라고 믿는 것처럼, 다른 이유란 필요하지 않은 것처럼 파이프를 빤다. "여기 불 붙이자."

푸른 어둠이 너무 짙어서 움직이기가 두렵다. 팻은 라디오를 끄지만, 마치 언제 차로 뛰어들어가야 할지 모른다는 듯 시동을 켜두고, 엔진은 천둥이 치기 직전처럼 낮게 우르릉거린다. 우리는 웃자란 풀숲으로 천천히 들어간다. 축축한 흙이 캔버스화를 적실 정도로 움푹 꺼질 때마다 갯버들이 맨다리에 스친다.

"어쨌든 시작." 팻은 말한다. 조명탄 심지에 불을 붙이고 땅에 떨어트린다. 그것은 선명한 분홍색 불꽃을 터트리며 도랑의 움푹 파인 부분으로 굴러간다. 우리는 뒷걸음질로 물러서고 나는 모든 것이 한 순간 멈출 것이라 기대한다. 공터 전체가 빛에 휩싸이고 어렴풋한 분홍빛이 우리를 감싸길 기다린다. 빛이 우리를 삼키고, 모든 것을 초토화시키고, 모든 소리를 잡아먹고 풀과 진흙의 냄새를 덮어버리고, 모든 것이 하나로, 태어나는 것처럼 따뜻하고 숨막히는 분홍색으로 뒤덮이기를 기다린다.

하지만 불발탄이다. 불꽃은 쉬익거리며 잦아든다. 너무 빠르게 사라져버린다. 갯버들과 수풀 때문에 피부가 간지럽다. 진흙은 살아있지만 곪아터진 무언가처럼 느껴진다. 모기들이 우리를 찾아내 귓속에서 지독하게 앵앵거리고 있다.

팻은 아직도 무슨 일이 일어나기를 포기하지 않은 것처럼, 아무 말 없이 오랫동안 그 광경을 바라본다. 이 순간에 가능한 모든 기회를 주려는 것처럼. 차로 돌아갈 때, 팻은 조명탄을 공터에 남겨둔다. 시동은 여전히 걸려 있고 아무도 우리를 쫓지 않는다.

액티비티 #2: 촛불 명상

커튼을 닫고 편안하게 앉으세요. 어둠 속에 촛불을 켭니다. 불꽃을 바라보면서 움직임을 관찰하세요. 숨결에 따라 흔들리는 것을 관찰하세요. 눈이 초점을 잃게 둡니다. 깊고 규칙적으로 숨을 쉬면서 5~10분 동안 지속하세요.

바스티앙의 집은 일리노이주 팰러타인에 있는데, 그 동네에서 가장 오래된 건물 중 하나이다. 흰 페인트는 수년간 풍파를 견디면서 어두운 색으로 벗겨졌다. 바닷가에서 주운 유리조각, 깃털, 그리고 새의 뼈로 만들어진 풍경風磬이 바람에 따라 나른하게 종을 울린다. 이 집은 일리노이주에 있는 '형이상학 학교' 공식 지점 네 곳 중 하나이다.

때때로 팻과 나는 저녁을 먹고, 영화를 보고, 이야기를 나누러 영업시간 이후에 이곳에 들른다. 팻이 싱크대에서 시금치를 헹구는 동안 바스티앙은 다진 칠면조 고기를 볶고 있다. 끼익거리는 오래된 목조 건물이 고기 지글거리는 소리와 바스티앙이 나무 주걱으로 툭툭 젓는 소리로 가득 찬다. 셋이 만날 때마다 바스티앙은 자신의 삶에 대해 조금씩 더 드러낸다. 그는 코네티컷주 출신이다. 가족과 연락을 안 한 지 오래되었다. 구체적인 이야기를 피할 때가 많고 수년에 걸친 이야기를 "길고 구불구불한 길이었어."라고 뭉뚱그리는 경향이 있다.

팻은 토마토를 자르다 말고 내게 대마 파이프를 준비해줄 수 있냐고 묻는다. 나는 피울 기분이 아니라고 말한다. 왜인지는 정확히 모르겠지만, 여기에서 그리고 바스티앙 주위에서 약에 취하는 것이 점점 껄끄러워지고 있다.

바스티앙은 가스레인지를 끄고, 끊으려고 노력 중이라는 직접 만 담배에 불을 붙인다. 그의 눈은 부드러운 회색이며 목소리는 흔들린다. 그는 담배가 그의 마지막으로 남은 나쁜 습관이라며 형이상학 학교가 최악의 것들로부터는 해방시켜주었다고 말한다. 담배는 그의 새로운 경계선이다. 그는 *낭비를 최소화한 삶*,

*뚜렷한 목표와 책임*으로 이뤄진 삶을 살아나가고 싶다고 한다. 그는 내가 삶의 의미를 이해하기를 바란다.

하지만 나는 삶의 의미가 알고 싶은 게 아니다. 내가 궁금한 것은 바스티앙이 스스로 삶의 의미를 알고 있다고 확신하게 만든 것이 무엇인가이다.

팻은 나와 불편한 눈길을 주고받다가 다시 도마에 집중한다. 우리는 책자에 나오는 액티비티를 하고, 이 집에서 시간을 보내고, 팸플릿을 몇 개 읽기도 하지만, 이런 걸 어떻게 받아들여야 할지는 모른다. 우리는 바스티앙과 시간을 보내려고 계속 그곳에 가는데, 그와 친해지고 싶은데, 광고 문구와 미리 포장된 표현들로 만들어진 벽에 계속 부딪히는 느낌이다.

이번 달에만 해도 네 번째로, 바스티앙은 테이블 위로 계약서를 내민다. 오늘이야말로 내가 꿈의 언어, 점성학, 그리고 *의도적인 생활*을 주제로 매주 열리는 수업을 회당 40달러에 신청하는 날이 될지 모른다. 이 수업을 수료하면, '형이상학 대학'에 입학 지원을 할 수 있다. 형이상학 대학은 내게 딱 이 집 같은 지점을 마련해주고, 바스티앙처럼 교육자로 살게 해줄지 모른다. 나도 나른한 교외지역에서 매력적으로 낡고 빛 바랜 흰색 집을 얻어 살게 될 수 있다. 수정석과 진한 인센스 향에 둘러싸인 집에서, 바람에 풍경이 부드럽게 흔들리는 소리를 들으며 일어날 수 있다.

바스티앙은 의자 등받이에 기대 앉아 서늘한 회색빛 눈을 내 눈에 고정시킨다. 흰색 민무늬 셔츠가 그의 가슴에 달라붙어 있다. 어두운 색 머리카락은 이렇다 할 형태 없이 이마 위로 흩어져 있다. 그의 모든 제스처는 조심스러우면서 단호하고 고요한데, 한 동작이 완결되는 사이 한 시대가 지나가는 것 같다. 관성慣性이라곤 없는 사람 같다. 그는 진흙처럼 움직인다. "물론, 지금은 괜찮겠죠." 그가 말한다. "매일 시간을 흘려보내는 게요. 그렇지만 남은 인생은요?"

나는 그의 뒤편에 있는 팻을 바라본다. 그리고 나 자신을 본다. 우리의 요란한 꽃무늬 셔츠, 지나치게 알록달록한 소지품, 더러운 머리카락, 진흙투성이 신발, 부산스러운 몸짓. 나는 고통스러울 정도로 세게 웃는 걸 떠올린다. 우리가 대화할 때 생기는 긴 침묵과 낮게 흐르는 에너지를 생각한다. 울고, 생떼를 쓰고, 약을 잔뜩 집어삼키는 걸.

중간에 뭔가가 있을 텐데.

"저는 그럴 돈이 없어요." 나는 바스티앙에게 말하며, 계약서를 테이블 건너편으로 쓱 밀면서 다시는 여기 오지 않을 거라고 결심한다.

액티비티 #3: 꿈 기록하기

침대 옆에 공책을 두세요. 매일 밤 잠들기 전에 날짜와 시간을 기록합니다. 매일 아침에 일어난 즉시 꿈에 대해 기억할 수 있는 모든 것을 적으세요. 이 기억들은 처음에는 단편적일 수 있지만, 꿈을 기억하는 능력은 점차 향상됩니다. 인내심을 가지세요.

팻을 마지막으로 본 지 몇 년이 지났다. 왜 연락이 끊겼는지 꼬집어 말할 수는 없지만 여하튼 그렇게 됐다. 큰 다툼이나 작별 인사 같은 건 없었다. 누군가와의 시간이란 그렇게 점차 줄어들 수도 있는 거다. 변하니까.

새벽 세 시. 나는 남편과 개와 함께 침대에 알몸으로 누워 있다. 잠이 오지 않는다. 내가 살아갈 뻔한 삶과 그 삶을 함께 살 뻔했던 사람들을 미친 듯이 검색하고 있다.

어떤 것들은 변하지 않는다.

나는 팻이 쓰던 오래된 블로그를 찾아낸다. 게시글 중 하나에 쓰여 있다: *한때 알고 지내던 여자애의 겨드랑이는 모딜리아니 그림 같았다.* 나는 우리가 우드먼즈에 가던 시기에, 팻이 틴 스피릿을 더 사고 싶어해서 계속 거길 찾아갔던 걸 떠올린다. 또 다른 게시글에는 이렇게 쓰여 있다: *나는 잠자고 싶지 않아, 뛰어놀고 싶어.* 우리 둘 중 누구도 제대로 잠들지 못했던 시절의 글이다. 늘 땀과 레진으로 끈적거렸고 대부분의 시간을 교회 주차장에서 약을 하면서, 할 만한 일이나 새로 가 볼 만한 식당 이야기를 지껄이며 보냈던 여름. 우리가 만나기 1년 전 글은 이렇다: *이거 읽는 사람 있어요? 누구 있어요?* 댓글은 없다.

그 당시에 팻은 누구와 시간을 보냈는지 궁금하다. 우리가 만나기 전에 나는 그가 스프레이 페인팅한 청자켓을 입고 동네에 어슬렁거리는 걸 본 적이 있다. 그는 아무와도 닮지 않았고, 교외 지역에 사는 사람처럼 보이지 않았다. 그리고 그는 외로워 보였다. 그는 시내에 있는 하나뿐인 레코드 가게에 나타나곤 했었는데 난 한참 동안 그의 이름을 몰랐다.

그동안 어디 있었는지 모르지만 나는 팻이 아직도 트레일사이드 코트에 있는 낡은 집에서 엄마의 잔소리를 듣지 않으려고 대마 연기를 창 밖으로 내쉬고 있을 것만 같은 기분이 든다. 내가 거기로 차를 몰고 가서 노크를 하면 팻이 대답하고 함께 모험을 하러 떠날 수 있을 것만 같다. 그렇지만 그를 찾아냈다고 치더라도, 결국 뭘 하고 싶은 걸까? 만나서 그 다음에 뭘?

팻이나 그 오래된 학교를 마지막으로 봤을 때로부터 너무나 삶이 달라져서 어떤 때는 내가 그들을 만났었다는 걸 잊어버리기도 한다. 나는 공인된 4년제 대학의 문예창작과에 합격했고, 누군가를 사귀기 시작했고 누군가와는 헤어졌으며, 누군가와는 몇 주, 누군가와는 몇 년, 그 기간동안 총 네 명과 잤고, 지금의 남편을 만나 결혼했다. 우리는 같이 살 곳을 구했고, 함께 술과 약을 끊었고, 가장 나이 많은 개를 잃었고, 수백 번 울었고 섹스를 했고 곧 결혼 1주년을 맞을 예정이다. 나는 다음 학기에 졸업할 거고 대학원에 지원하기 위해 포트폴리오를 만드는 중이다. 우리는 향후 몇 년을 위한 계획을 세우고 있고 난 내 생애 처음으로 내가 원하는 게 뭔지 그리고 내 삶이 어디로 가고 있는지 의식하고 있지만 여전히 잠들 수 없는 밤도 있다.

나는 검색엔진에 이렇게 친다: *형이상학 학교 팰러타인*

공식 웹사이트에는 이 기관이 1973년에 최초로 설립되었으며 본부는 미주리주 원디빌에 있다고 쓰여 있다. 지점 중 대부분은 중서부에 있고(하나는 텍사스에 있다), 명상, 해몽, 그리고 자기실현에 대한 워크숍을 제공한다고 하는데, 이게 무슨 뜻인지는 전혀 모르겠다.

웹사이트에는 수업 내용에 대한 구체적인 정보가 더 나와 있지 않다. 교육 과정을 두루뭉술하게 낙관적으로 묘사한 건 으스스한 느낌을 주고 사이비 종교처럼 느껴진다. "형이상학 학교의 목표는 직관적이며 영적인 인간이 도래하도록 촉진하여 인류의 진화를 가속화하는 것입니다." 웹사이트 소개 페이지에서 읽을 수 있는 내용이다. 학교는 당신이 "평화, 만족, 그리고 안정을 위해 다른 사람, 장소, 또는 물건에 의지하지 않는 온전하게 기능하는 자신으로" 거듭나도록 도울 것을 약속한다.

남편이 갑자기 잠결에 코를 곤다. 나는 노트북 스크린에서 눈길을 돌려 그를 바라보고, 그는 더 편안하게 숨쉬기 위해 나의 반대 방향으로 몸을 튼다. 하지만 그의 손은 내 어깨에 머무른다. 얼마나 몸을 비틀고 움직이던 간에 그의 손은 늘 내 몸 어딘가에 닿아 있다.

잠들지 못하는 밤은 언제나 있을 것이다. 어둠 속에서 사방이 쥐 죽은 듯 조용해지고 주변을 둘러보면 이 모든 옷가지들, 책들이며, 가구며, 이 모든 *물건들이* 대체될 수 있다는 생각이 드는 밤, 마치 아무것도 필요하지 않고, 실은 아무것도 의미 없다고 생각하는 밤, 한없이 지루하고, 마치 태풍 속에서 자신을 묶어두는 줄을 벗어나려 버둥거리는 헬륨 풍선처럼 무게가 느껴지지 않는, 한밤중에 말도 안 되게 지루해 죽을 것 같으니 새까만 밤 속으로 아무 계획 없이 차를 몰고 나가지 않을 이유가 없지 않나? 현금을 다 챙겨서 *어딘가로 가버리고* 다시는 돌아오지 않는다면 어떤 차이가 있을까? 하는 생각이 드는, 그런 밤은 언제나 존재할 것이다. 오래 전 친구가 쓴 블로그 글을 읽고 - *방금 누군가의 일기를 읽었다. 그럼 나는 나쁜 사람인가? 공개되어 있으면 사적인 건 아니겠지* - 아무도 지켜보는 사람이 없는데 까발려진 느낌이 드는 밤은 언제든 있을 것이다. 어쩌면 이건 신호인지도 모른다고, 이런 기분일 때 이 글을 읽게 될 운명이었을지도 모른다고 생각하면서 나는 또 생각한다.

만약 내가 일기를 썼다면 팻은 그걸 읽었을까?

이 질문이 내가 일기를 쓰지 않는 이유인가?

이런 밤은 언제나 있을 것이다. 그러니 자리에 눕는다. 새들이 지저귀고 날아다니기 시작할 때쯤, 하늘이 서늘한 푸른빛으로 무르익는 사이 눈을 감는다.

너는 엄마를 필요로 한다. 엄마는 너를 때린다. 번역문: 너는 엄마가 너를 때리는 걸 필요로 한다.

엄마는 너를 사랑한다. 엄마는 너를 때린다. 번역문: 때로 사랑은 이러한 형태를 띤다. 너는 이러한 형태를 가진 사랑을 찾는다.

너는 엄마를 사랑한다. 엄마는 너에게 상처를 준다. 번역문: 고통은 아름다운 것이 된다.

스무 살이 되기 전 해에, 나는 페티시 채팅방을 습관적으로 드나들며 어그로를 끌고 그곳에서 일리노이주 밖에 사는 끔찍한 남자들을 여럿 만난다. 남자들은 내게 무언가를 하라고 시키면서 내가 전화기 너머에서 훌쩍이기를 바란다. 그들은 나를 돼지라고 부른다. 그들은 나를 창년이라고 부른다. 그들은 때로 날 진짜로 울게 만든다.

내가 왜 이런 걸 하는지는 나도 모른다. 기분 나쁜 걸 기분 좋은 것으로 느끼는지도. 남자들과 이야기할 때면 무언가를 느낄 수 있다. 무언가.

난 멈출 수 없다. 전화를 계속해서 받는다. 새벽 3시에 이야기하고 싶어하는 사람은 이들 외에는 없다.

내가 스무 살이 되기 전 해에 내 친구들은 모두 일을 하거나 학교를 다니고 있다. 나는 커뮤니티 칼리지*에서 수업을 듣고 있지만, 시간제 학생일 뿐이다. 나는 크렉스리스트**에 올라온 레오의 글에 답장을 보낸다. 그는 영화를 보고 대마를 조금 피우고 싶을 뿐이라고 한다. 다른 일이 생긴다면 그것도 좋고. 그는 내 예상보다 키가 작다. 대학에 다니려고 크로아티아로부터 여기로 왔고, 말할 때 강한 억양이 있다. 커다랗고 튀어나온, 얼음처럼 새파란 눈과 두꺼운 입술을 가지고 있다. 나는 늘 그와 비슷한 사람들, 부적응자들과 외국인들에게 끌린다. 아름답다고 할 수는 없지만 섹시한. 주류 문화적 이상에 들어맞지는 않지만 독특한.

*커뮤니티 칼리지: 미국의 2년제 공립/주립 대학._역주
**크렉스리스트: 중고 물품 직거래나 구인구직 등 다양한 게시물이 혼재되어 있는 생활정보 웹사이트. 몇몇 게시판은 데이트 상대를 구하는 데 사용되기도 한다._역주

나는 일주일에 적어도 3일은 그의 집에서 잔다. 우리는 관계에 아무런 이름을 붙이지 않고 솔직히 말해 그는 너무 나이가 많다. 더 솔직히 말하자면 그는 내가 관계 맺은 남자들 중 가장 어린 축에 속한다. 나는 그에게 계속 나를 사랑하는지 묻고 그를 사랑한다고 말한다. 그는 나에게 나를 소중하게 생각하지만 마지막 실연 이후 몇 년간 사람 구실을 못하게 됐던 걸 생각하면 너무 애착을 갖고 싶진 않다고 말한다. 그는 "언제 우리 한번 저녁에 외식하러 가자."라고 말한다.

나는 모든 사람들에게 레오에 대해 부풀려서 이야기한다. 그는 나를 사랑해, 난 알고 있어. 늘상 이 말을 하고 다니지만 솔직히 내가 사랑이 뭔지를 아는지 확실치 않다. 비밀이지만 나는 그의 영화 취향이 별로라고 생각하고 그가 윤활젤을 마사지 오일처럼 쓰는 게 이상하다고 생각한다. 하지만 그는 '우리 언제 한번 저녁에 외식하러 가자'라고 말했고 우리는 섹스하는 사이니까 그는 나를 사랑해야만 하고 나는 그를 약간 좋아하니까 우리는 섹스를 해야 한다.

이 관계는 엉망이고 어쩌면 그는 실제로 내가 간절히 원하는 방식으로 나와 사귀고 싶어할지도 모르지만 나는 경고 신호투성이인 사람이다. 나는 자낙스를 M&M처럼 씹어대고, 문자를 너무 많이 보내고, 사적인 얘기를 너무 많이 하고, 눈을 감고 섹스하고 눈을 뜬 채 키스하며, 갑작스럽게 운다.

어쩌다 한 번씩 레오는 내가 걱정된다고 말한다. 아침이면 나를 문간에서 몇 분동안 꼭 안고 있는다. 그의 길고 느릿한 숨소리는 약과는 다른 종류의 평온함으로 나를 채운다. 그리고 날 아프게 한다. 날 놔줄 때, 그가 쉰 목소리로 *몸 조심해* 라고 속삭이면 나는 내가 조심할 줄 아는지 생각하게 된다. 나는 집으로 차를 운전해 가는 동안 자주 운다.

나는 백수다. 레코드와 DVD도 이미 모두 팔았다. 약을 살 돈이 떨어지고 있다. 나는 내가 중독자라는 걸 인정하지 않는다. 몇 년이 지난 후, 이 모든 과다복용과 통증과 오한으로 침대에서 구토를 하던 수많은 날들을, 이 모든 개같은 일들을 정말 잊어버리는 순간들이 있을 것이다. 몇 년이 지난 후, 나는 어마어마한 양의 자낙스를 살 것이고 사람들한테 *책임감 있게 자가치료 중*이라고 말한 뒤 스스로 알아차리기도 전에 두 개, 세 개, 네 개씩 약을 삼키기 시작할 것이다, 한꺼번에 여러 개를 먹고 어둑한 고요 속에서 약 기운을 즐기려고 남편이 잠들 때까지 기다리게 될 것이다. 몇 년이 지난 후 나는 추수감사절에 목욕용 가운을 입은 채 변기를 부여잡고 웅크린 채로, 해독 과정을 견디며 식은 땀을 흘리고 있을 것이다. 하지만 나는 이 모든 걸 예상하지 못한다. 내가 아는 전부는 약이 떨어지고 있고 더 많은 약을 원한다는 것뿐이다. *이건 그냥 내가 좋아하는 것들 중 하나일 뿐이야.* 나는 마치 약을 먹는 게 뜨개질이나 레코드 수집과 다를 바 없는 것처럼 스스로에게 말한다. 그래서 나는 크렉스리스트에 새로운 광고를, 성 판매에 대한 광고를 낸다. 나는 모르는 사람들을 그들의 집에서 만나 손으로 해주고 정액을 삼키고 현금 뭉치를 받는 일을, 몸을 파는 일을 시작한다. 딱히 생각을 하면서 하는 게 아니다. 광고가 내려지기 전에 이미 충분히 많은 고객들이 나에게 연락을 한다. 나는 몇 주 안에 삼천 달러 정도를 벌고 그 돈을 전부 진정제를 사는 데 써버린다.

하루는 잠정적 고객 한 명이 나에게 메시지를 보낸다. 내가 제공하는 서비스에 대해 묻다가 갑자기 내 인생에 대해 캐묻기 시작한다. 그는 우리 아버지를 안다고 한다. 이런 짓을 그만해야 한다고 말한다. 나는 충격을 받는다. 무슨 일이 일어나고 있는지 모르겠지만 마음 깊이 불편하다. 나는 이메일에 답변하는 것을 멈추고 자낙스를 몇 알 더 삼킨다. 나는 레오로부터, 돈을 받고 다른 사람과 섹스를 하냐는 문자를 받는다. 나는 처음에 부인한다. 그의 직장 동료가 내 광고를 봤다는 말을 듣는다.

"다른 사람들이랑 잔다고 이러는 게 아니라 어떤 방식으로 하고 있냐는 거야." 레오가 말한다. 우리는 서로하고만 관계 맺기로 합의한 적이 없고 아무 관계도 아니니까 그만 만나야 하는 것도 아니고 내가 자기에게 충실하기를 바라는 건 아니지만, 뭔가 바뀌어야 한다고 덧붙인다. 직장에서 하는 새해 파티에 나를 데려갈까 생각 중이었는데 이젠 아니라고, 도저히 안되겠다고 한다.

우리는 일 년 정도 더 함께 밤을 보내지만, 저녁에 외식하러 나가는 일은 없다.

뭔가 바뀌지만, 그다지 바뀌지 않는다.

나는 스물여섯 살이고 수화기 너머 남자는 "너는 못생긴 쌍년이야."라고 말한다. 그는 "말해봐."라고 한다. 그는 "국^{gook*}들은 우월한 백인 남자를 섬기는 데에나 쓸모가 있지."라고 말한다. 나는 그에게 백인 남자들은 월급 때문에 쓸모가 있다고 말하지 않는다.

　　나는 그를 경멸하지만, 젖는다.

　　그건 놀랄 일도 아니다.

　　몸은 거짓말을 한다.

◆국: 한국인을 이르는 비속어_역주

번호순으로 색칠하기

점을 재치 있게 배치해 응집력이 있는 그림을 만드는 방식인 점묘법은 표현주의 예술의 느슨하고 직관적인 미학에 규율을 가져오기 위한 방법으로 개발됐다. 가까이에서 보면, 점묘법으로 만들어진 작품의 전체적인 맥락은 추상적인 주근깨 모음으로 사라져버린다.

그로스먼 씨를 처음 만난 날, 그가 어떤 이유로 우리가 자기 물건을 만지지 않길 바라는지 이해하기까지 한동안 시간이 걸린다.

연휴 이후 찾아온 수많은 반품과 교환 고객들을 상대하고 나자, 이 나이든 아저씨가 나타난다. 그가 높이 쌓아 둔 잡지 더미로 내가 손을 뻗자 그는 내게 경고하는 손바닥을 내민다. 그는 나에게 손으로 잡지들을 건드리지 말라고 한다. 상품을 만지지 않고 바코드를 찍어달라고 한다. 그가 스캐너를 플라스틱 받침대에서 꺼내라고 하기 전까지 나는 그게 무슨 말인지 전혀 이해하지 못한다.

거래 도중에 그는 쿠폰 얘기를 꺼낸다. 그는 호주머니에서 구겨진 공책 종이 한 장을 끄집어내어 나에게 코드를 읽어준다. 가게가 마감하기 직전인 시간이다. 나는 여기서 일하기 시작한 지 몇 주밖에 안되었기 때문에 매니저인 사라에게 바톤 터치를 하고, 사라는 쿠폰은 일회성이라서 손으로 적은 쿠폰 코드를 받지 않는 게 원칙이지만 이번은 예외로 해주겠다고 설명한다. 사라는 붉어진 얼굴로도 팽팽한 미소를 짓는 데 전문가이다. 그로스먼씨는 사라가 코를 훌쩍이고 기침을 하는 것을 보고 움찔한다. 사라는 노래하는 것처럼 높은 톤으로 *끔찍한 감기*에 걸렸다며 사과하고, 그로스먼 씨는 사라에게 아무것도 만지지 말고 더 이상 아무것도 하지 말라고 주문한다. 그는 나에게 나머지를 처리해달라고 요청하고, 우리는 사라만이 쿠폰을 승인할 수 있다고 설명한다. 그는 더 이상 쿠폰은 상관 없다고 한다. 그는 그저 사라가 멀찍이 떨어지기만을 바란다.

마감 시간이 15분 지나도 계산이 끝나지 않는다. 그로스먼 씨는 두 개의 기프트 카드로 계산한다. 사라와 나는 그가 양 팔에 가방을 잔뜩 매단 채로 손바닥에 세정제 한 방울을 짜내려고 애쓰는 모습을 고소해하며 바라본다. 그는 가방 중 하나를 떨어트리고, 내용물은 타일 바닥 위로 흩어진다. 그는 머리를 푹 떨어트린다.

그로스먼 씨는 계산대 앞에서 그의 잡지들을 쳐다보며 망연자실 서 있다. 재앙을 막으려던 노력이 헛수고였다는 것과 막을 재앙이 애당초 없었다는 극심한 위기에 대해 고뇌하고 있을 게 틀림없다.

나는 계산대 뒤에서 비닐봉지 더미를 만지작거리며 그를 쳐다보지 않으려고 노력한다. 눈에 보이지 않지만 곧 닥쳐올 것만 같은 어떤 것에 맞서서 정신없이 몸부림치며 살아가는 게 어떤 느낌인지 나는 안다. 온갖 노력에도 불구하고 나에게 통제권이 없다는 걸 인정하는 것 외에는 할 수 있는 게 없는, 그 익숙한 공허함을.

나는 취미라도 되는 것 마냥 신경증 틱을 모은다. 처음에는 손톱을 물어뜯는 것과 피부 속으로 파고들어가는 털을 뜯는 것, 자동차 창문이 정확히 평행한지 확인하고 실내 온도계를 홀수로, 라디오 볼륨은 언제나 5의 배수로 맞추는 것, 이것이 내가 폭식과 구토를 오가면서 나에게 허락하는 작은 즐거움이다. 뜯고 씹고 미세하게 조절하는 게 특별한 만족감을 줘서 더 많은 걸 갈구하게 될 때, 뼈가 보일 때까지 뜯어내고 싶어질 때, 나는 무언가를 한 박스 전부 먹는 걸 스스로에게 허락한 뒤 그걸 다시 다 토해냄으로써 나를 용서한다.

합평 시간에 교수들은 우리에게 우리가 *지면에서 누구인지* 묻는다. 우리는 '마법의 세 가지'를 그린다 – 하나의 통합적인 인물을 만들기 위한 존재의 세 가지 요소, 서사에 엮을 세 가지 뚜렷한 모티브, 설명 하나마다 세 가지 예시를. 그리고 필연적으로 나의 에세이에는 *난장판*인 사람이 등장한다. 성sung-학생, 이민자, 난장판. 성sung-친구, 중독자, 난장판. 성sung-생존자, 아이, *난장판*. 멈춰선 혼다에서 엄마가 똑바로 앞을 쳐다보면서 '너는 우리 가족을 망쳤어'라고 말할 때 나는 이 중 하나의 서사를 살아가고 있다. 너무 나이가 많고 학대 성향이 있는 주정뱅이와 함께 살기 시작할 때. 큰 소리에 웅크리고, 오늘이 무슨 요일인지 수시로 잊어버릴 때. 자살 방지 상담전화에 전화를 다시 또 다시 걸고, 교환원이 "도움을 주면 낭비할 사람을 왜 도와줘야 하나요?"라며 꾸짖을 때. 사라가 그로스먼 씨를 "완전 괴짜"라고 부르고 가게 문을 닫을 때 침묵하는 나는 성sung, 회복 중인 난장판이자 학자금 대출이 있는 계산원이다. 또 다른 동료가 "아마 그냥 강박증 같은 게 있는 걸 거야."라고 읊조릴 때에도 나는 아무 말도 하지 않는다. 그를 옹호하고 싶지 않은 마음을 뜯어보면서 커다랗고 붉은 얼룩 같은 죄책감에 몸이 뜨거워지는 걸 느끼는, 터무니없는 상상에 사로잡히는 타락한 장로교인 성sung이다. 그로스먼 씨의 정신 건강 문제는 이해하기 어려운 것도 아니지만, 그 사람은 왜 그렇게 예의 없이 군 걸까? 그의 문제를 꼭 다른 모든 사람의 문제로도 만들어야 했을까?

두 해 전 여름, 나는 한 손에는 라이솔♣, 다른 손에는 키친 타올을 들고 폴리의 연립 주택을 오르내리고 있다. 이번에는 뭐 때문인지 기억할 수 없다.

아니, 기억이 난다. 기억하는 데는 시간이 좀 걸린다. 언제나 시간이 좀 걸리는 법이다.

폴리는 주말 내내, 금요일에 집에 도착한 순간부터 크라운 로얄위스키를 들이키는 철저한 식이 요법을 실행한다. 정확히 5시 15분부터. 그가 원하는 건 명확하다. 찬물을 더한 위스키 온 더 락. 무언가가 너무 많거나 적을 때 그는 서슴지 않고 지적한다. 재료는 세 개 뿐이지만 나는 한 번도 이 술을 제대로 준비하지 못하는 것 같다.

금요일 밤, 그는 내 목 언저리를 킁킁거리면서 나에게 꽃 향기가 난다고 말한다. 그는 마치 정교한 빛의 마술이라도 되는 것처럼 내가 있었던 방에서 내 향을 맡을 수 있다고 한다. 일요일이 되자 폴리는 새로운 뽀루지가 난 것을 발견한다. 건선 때문에 그

♣라이솔: 소독기능이 있는 세제._역주

가 먹는 약은 여드름을 악화시키고, 여드름 약은 건선을 재발시 킨다. 술도 도움이 안 된다. 하지만 그는 여드름이 난 건 내가 쓰는 시어 버터 로션 때문이라고 확신한다. 꽃 향기가 나는 그 로션. 그는 에센셜 오일이 자신의 모공에 어떤 영향을 줬는지 소리치며 말한다. 말끝마다 "내 집"이란 말을 붙인다. 그의 고함소리는 *저 더러운 것, 내 규칙, 좆같은 년*과 같은 표현들로 가득하다. 그의 고함소리는 병적으로 치닫고, 자기 영역이 침범당했다는 분노와 피해망상을 넘나든다. 그는 내가 그의 집에 악마를 들여왔다고, 내가 사탄에게 몸을 팔고 다닌다고 말한다. 그는 나를 루시퍼의 꼭두각시라고 부른다. 내가 입을 열려고 할 때마다 그는 "사탄은 거짓말의 아버지야."라며 말을 끊는다.

그는 나에게 살균제를 건네고 내가 시어 버터 로션을 쓰기 시작한 이후로 만진 모든 물건을 닦으라고 말한다. 그는 내 욕실 용품을 버리고, 다른 제품들로 교체한다. 그것들은 독하고, 오렌지 색이며, 소독 기능이 있는 것들이다. 이를 테면 다이얼 브랜드 고체비누, 액체비누, 그리고 CVS브랜드 로션. 그의 반응은 논리가 아니라 무엇이 익숙한지에 달려있다.

시간이 지나 그는 내게 욕하던 걸 멈추고 대신 뭔가를 먹을 정도로 진정한다. 나는 그가 아픈 사람이고 나를 필요로 한다고 스스로에게 말한다. 그도 나에게 똑같이 말한다. 누가 먼저 이렇게 말하기 시작했는지는 기억 나지 않는다.

서점에서 퇴근하는 길에 나는 새로운 빛깔의 진실을 만들어내고 있는 자신을 발견한다. 내가 가장 좋아하는 손님, 그로스먼 씨. 약이 부족하고 오해받는 그로스먼 씨. 단편 소설 작가 성^{sung}의 이야기를 통해 만나게 될, 요약되고 다듬어진 그로스먼 씨.

    사실 그로스먼 씨는 약간 개새끼다.

    어느 날 저녁, 그로스먼 씨는 폐점 시간 직전에 계산대로 걸어와서는 나에게 네 권의 책을 각각 따로 결제하지만 동일한 쿠폰으로 계산하라고 요구한다. 나는 그날 근무하는 매니저인 래리를 불러와 좀더 권위 있는 사람을 통해 그의 요청을 들어줄 수 없다고 설명해야 한다. 그로스먼 씨가 가져온 쿠폰 코드가 계산대 기계로 읽히지도 않는데, 그로스먼 씨는 오싹할 정도로 차분하게, 흔들림 없이 눈을 맞추고 또렷하고 친절한 목소리로 자신은 사실 이 책들이 필요하지도 않은데 *우리를 도와주는 것*이라고 설명한다.

래리는 턱수염이 있고 머리를 하나로 묶은, 개 털이 잔뜩 붙은 카고 바지를 입고 출근하는 목소리가 작은 남자다. 권위를 주장하는 일은 그가 마지못해 하는 행동이다. 그는 이번 일로 처음 그로스먼 씨와 대면하게 되었는데, 그로스먼 씨가 "왜 안되냐?"고 똑같은 질문을 계속하는 동안 래리는 제발 이 문제에 대해서는 본인의 의견을 받아들여달라고 그에게 요구한다. "먼젓번에 기한이 지난 쿠폰을 승인해 준 점원들이 *잘못한 거구요, 죄송하지만* 제가 규칙을 만들지는 않아요."

그날 밤엔 마감을 하는 데 평소보다 30분이 더 걸린다. 잡지를 정리하고 잘못 놓인 책들을 제자리에 가져다 놓고 나서, 나는 왠지 모르겠지만 래리에게 불편을 끼쳐 미안하다고 말한다. 그는 멈칫하더니 마치 내가 재미없는 농담을 한 것처럼 공손하게 웃는다. 걱정하지 말라고, 내 잘못이 아니라고 확인시켜주는 말을 한다. 우리 사이에는 내가 이 말을 들어야 한다는 이상한 암묵적 이해가 있다.

폴리는 청구요금 문제를 해결하기 위해 케이블 TV 회사와 통화를 하는 중이다. 나는 그가 입술을 달싹이며 자동화 시스템에게 *고-객 서-비-스*라고, 그리고 맥주를 한 모금 마신 후에는 *청-구*라고 말하는 모습을 기억에 새긴다. 나는 작문 수업 교수가 밑줄 쫙쫙 긋고 여백에는 *너무 모호함*이라고 써넣어 놓을 시를 오늘 저녁 또 하나 쓸 것이다.

대기하는 동안, 폴리는 욕을 중얼거리고 리모콘을 만지작거린다. 긴장 속에서 다리를 떤다. 상대방이 전화를 받자, 그는 순식간에 '코로 조용히 숨쉬는 폴리'로 돌아간다. '안녕하세요, 잘 지내셨어요' 폴리. 회사 동료들과의 모임에서나 볼 수 있는, 자기가 사오라고 시킨 드레스를 입은 나를 자랑하는 버전의 폴리다. 통화의 대부분, 폴리는 마치 친구에게 집까지 태워달라고 부탁하는 것처럼, 차분한 톤으로 흔들림 없이 명령을 내린다. "이봐요. 이번 한번만 해봅시다. *안될 이유도 없잖아요.*"

나는 그가 어느 지점에서 소리를 지르기 시작하는지 기억하지 못하지만, 우리는 그 달은 무료로 유선 채널을 시청할 수 있게 되고 앞으로 일 년 동안 프리미엄 채널을 제공받게 된다.

다음 청구일에, 폴리가 직장에 있는 동안 전화를 거는 건 나다. 대기 음악이 흐르는 동안 나는 폴리가 매일 보내는 이메일을 읽는다. 오늘 장보는 걸 잊지 말라는, 케이블 TV 문제 때문에 한 푼이라도 아껴야 한다는. 알고 보니 프리미엄 채널은 무료가 아니었고 추가 비용이 부과되고 있었다. 폴리는 분개한다. 그리고 연장선 상에서, 나를 납작하게 누르는 사람 없이 나 혼자 집에 있는 한, 나도 분노하고 있다.

만약 내가 이걸 해낸다면, 우리 일이 다 잘 풀리지 않을까? 나는 좋은 사람 아닐까? 만약 내가 이걸 해결하면, 내가 쓰는 시도 다시 말이 되기 시작하지 않을까?

고객서비스 상담사는 나를 고객님이라고 부른다. 나는 폴리의 서류들을 착착 쌓으면서 이건 개소리라고 소리지르고 있다. 누가 이렇게 해달라고 했냐고. 그쪽이 약속을 해놓고 처리할 일만 개같이 늘려놨잖아! 나는 집 안을 성큼성큼 걸어 다니면서, 접시를 하나 설거지하면서, 건조기에 옷을 넣기도 하면서 목이 쉴 정도로 소리를 지른다. 지친 목소리로 남자가 자신의 위치에서 해드릴 수 있는 건 없다고 설명하는 동안 소리를 지른다. 알아요, 그건. 알아요.

그는 결국 상사의 전화번호를 불러주고 나는 죄송하다고 말한다. 정말 죄송합니다. 나는 전화를 끊는다.

나는 저녁을 만들기 시작한다. 나는 내 자신을 혐오한다.

그로스먼 씨는 매주 일요일 저녁 7시 반 정도에, 항상 완전히 똑같은 옷차림으로 나타난다. 청바지에 소매를 말아 올린 초록빛이 도는 회색 스웨트 셔츠. 축축한 11월, 그는 비에 젖은 머리칼을 하고 카페를 서성인다. 1월의 가장 추운 날, 추위 때문에 팔목이 온통 분홍색인 채로 잡지 선반 앞에 꼿꼿이 선다. 8시에 가게 매니저가 서점 문을 닫는다는 방송을 하는 동안, 그로스먼 씨는 계산대에 선 사람들의 줄을 살펴보고 마지막 손님이 떠날 때까지 머무른다. 내가 스캐너를 들자 그는 고개를 들고 웃는다.

"이제 완전히 감을 잡았나보군요." 그는 말한다. 상품별 바코드를 하나씩 보여주고 나는 내가 있는 자리에서 바코드를 찍는다. 계산기의 현금 칸이 자동으로 열리자 나는 사과한다. 기프트카드에 46센트가 남아 있었다. 그로스먼 씨는 화를 내지 않는다. 그는 반항하지 않고 잔돈을 받기 위해 손바닥을 내민다. 돈이나 다른 사람들과 접촉하지 않으려고 온라인으로 기프트카드를 사는 등 온갖 수고를 들이는데도 이런 일이 일어난다는 게 얼마나 웃긴지 그도 알고 있다.

"최악은 돈을 만지는 거에요." 그는 말한다. 머리를 흔들며 건조하게, 쉬익 웃는다. "어쩌면 언젠가는 저도 이 강박증에서 벗어날 수 있겠죠."

쇠라Seurat의 작품을 보는 것, 또는 쇠라의 바로 그 작품을 – 어느 걸 말하는지 알 것이다 – 보는 건 답답한 일일 수 있다. 한편으로 나는 표정 없는 여러 인물들이 공원에 서 있는 게 뭐가 그렇게 감동적인지 이해할 수 없다. 즐거움이란 찾아볼 수 없고 지극히 일상적인 풍경인데 세밀한 제작과정을 통해서 제멋대로 생기를 불어넣을 수 있다는 개념에 화가 치민다. 하지만 다른 한편으로 우리 모두의 마음 속에는 〈페리스의 해방Ferris Bueller's Day Off〉 속 캐머론Cameron이 있다. 시니컬한 관점에서 쇠라의 작품을 보는 것은 당신을 사로잡기도, 분노하게도 할 텐데, 노력을 요구하는 특정한 형태의 인식을 불러일으키고, 보는 이는 자신의 노력에 의해 마지못해 감동하게 되기 때문이다.

예술 운동의 초점을 개선하려는 의도를 가졌던 점묘법이 색을 점으로 나누고, 보는 행동을 바라봄의 노력으로 굴절시켰다는 건 의아한 일이다. 내가 그 동안 오해해왔구나 싶어서 웃기다. 이건 그로스먼 씨의 기프트카드 결제가 통과되고 현금 서랍이 튀어나올 때 내가 감지하는 것과 같은 류의 소급적 아이러니이다. 나는 내가 이해하지 못한 농담이 있었는지 궁금해진다.

어떤 합평 수업 교수들은 현실에 하나의 객관적인 서사라고는 없기 때문에 같은 에세이를 백 번도 쓸 수 있다고 말한다. 진실은 색깔로 나타난다기보다는 아무도 전체를 볼 정도의 거리감이 없는, 하나의 부인할 수 없는 공동의 경험을 구성하는 수많은 점으로 나타난다.

쇠라가 그의 이론과 기법을 정신없이 만들어냈듯이, 색과 또 다른 색을 그리고 점과 또 다른 점을 그리고 점과 색과 점을 연결하는 정해진 방식을 고안했던 것처럼, 내 안의 어떤 부분들 역시 연결되거나 정리할 수 있는 패턴이 필요하다. 기억 속에 번뜩이는 잔혹함을 재구성하고 의미를 부여하고 싶다. 이론상 존재하는 균으로부터 자신을 방어하는 것처럼, 두려움이 차갑게, 똑똑 흘러내리는 것을 미루고 싶다.

만약 그로스먼 씨가 내가 가장 좋아한 손님이었다면, 폴리는 그냥 망가진 사람이었고 나에게는 그를 고칠 방법이 없었다. 만약 내가 그를 용서할 수 있다면, 세상은 나를 용서할 수 있다.

아무에게도 말한 적이 없는 얘기를 하나 하려고 한다.

우리가 미국으로 이사하기 일 년 전, 나에게는 언제나 묵주를 하고 발목까지 오는 회색 스커트를 입는 가톨릭 신자 선생님이 있었다. 그녀는 단정한 헤어스타일을 하고 있었고 정의감으로 충만한 다혈질이었다. 그녀는 바보 같은 질문을 싫어했다. 나는 내 차례가 아닌데 말하거나 쉬는 시간이 끝났는데 장난감을 제자리에 두지 않아 이미 여러 번 혼난 적이 있었다. 때로 그녀는 아이들을 자로 때리거나, 복도에서 물을 채운 커다란 금속 양동이를 팔을 나란히 하고 들고 있게 했다. 팔이 바닥으로 떨어지는 걸 발견하면 다시 자로 때렸다.

어느 날, 나는 수업 중에 소변이 마렵다. 그녀를 화나게 하는 게 너무 무섭지만 손을 든다. 그녀는 내가 수업을 방해했다는 이유로 엄한 표정으로 날 쳐다보지만 빨리 다녀오라고 한다. 나는 화장실이 어디에 있는지 기억할 수 없다. 복도를 돌아다니지만, 이 건물은 거대하고 모든 문이 똑같이 생겼다. 벌써 시간이 많이 지났다는 게 느껴지기 때문에 다시 교실로 돌아가 화장실이 어디 있냐고 묻는다. 선생님은 손가락질을 하며 어떻게 찾아가면 되는지 고함치지만 나는 알아들을 수 없다. 나는 좀더 헤매다가 화장실을 찾지 못하고 결국 다시 책상으로 돌아와 앉아 수업이 금방 마치기를 기도한다.

나는 내가 바보 같다고 느낀다. 알아들었어야 하는데. 개학한 지 몇 주가 지났는데. 어떻게 화장실이 어딘지 모를 수가 있어. 난 도대체 어디가 잘못된 거지. 모든 사람들이 나에게 뭐가 문제인지 따지는 것 같다. 나는 더 이상 오줌을 참을 수 없지만 뭐라고 말을 하기에는 너무 두렵다. 오줌을 싸버릴 때 아무도 눈치 채지 않기를 기도한다.

트라우마는 진공상태에서 일어나지 않는다. 시간이 흘러 성장하면서 벗어나게 되지도 않는다. 트라우마는 당신과 함께 자란다. 그 자라남이 온통 잘못된 것이더라도. 마치 팔이 부러졌는데 깁스를 하지 않는 것과 같다. 몸집은 더 커졌지만, 뼈는 여전히 부러져 있다. 때때로 욱신거릴지도 모른다. 그렇다고 팔을 쓰지 않을 수는 없다. 쓰면 쓸 수록 팔은 찢어지고 뒤틀린다. 움직임이 서툴러진다. 더 많은 뼈가 부러진다. 이제 와서 의사를 찾아간다고 해도, 처음으로 되돌아갈 수는 없다.

고등학교 1학년 때 친구들은 내가 좋은 의미로 말라 보인다고 말한다. 상담사는 내게 아파 보인다고 한다. 12월 31일에 남자친구는 내 손을 붙잡고, 나는 정신을 차리고 보니 침대에서 '싫어'라는 입모양을 만들고 있다. 어떻게 해야 그걸 입 밖으로 소리 내어 말할 수 있는지 모른다. 나는 대신에 "기다려."라고 말한다. 그는 기다리지 않는다. 나는 "이거 하고 싶은지 잘 모르겠어."라고 말한다. 하지만 그는 자기가 뭘 하고 싶은지 안다. 그는 정말, 정말 잘 알고 있다.

오, 쌀을 넣은 닭고기 수프

스노우 선생님은 내가 아는 가장 나이 많은 할머니다. 입에서는 항상 찐 완두콩과 재채기를 섞어 놓은 듯한 냄새가 난다. 머리카락은 햇볕을 받은 지푸라기 색이고, 이마와 어깨에 닿는 부분을 값싼 봉제 인형처럼 투박하게 일자로 잘랐다. 실내가 쌀쌀해질 때를 대비해 선생님은 책상 위에 숄을 늘어뜨려 놓는다. 학교에서 오후가 되면 선생님은 영어 수업을 하기 위해 나를 교실에서 재빨리 데리고 나온다.

나는 종이 왼편에 나열된 표현을 오른편에 있는 알맞은 줄임말에 연결시키는 학습지를 푼다. 연필을 질질 끌어 I am과 I'm, cannot과 can't를 잇는다. 학습지 귀퉁이에는 이유 없이 개 캐릭터가 그려져 있다.

스노우 선생님은 내가 지루해하는 것 같다고 말한다. 나는 '지루하다'라는 단어를 모르기 때문에 대답하지 않는다.

"그러면 오늘 새로운 걸 배워보는 게 어떨까?" 선생님이 말한다. "재밌는 거 말이야. 라임rhyme처럼." 선생님은 나에게 라임이 무엇인지 설명한다. 그건 dog와 fog, hike와 bike처럼 두 단어가 같은 모음을 공유하는 것이다. 우리는 몇 주 전에 모음에 대한 수업을 했다.

스노우 선생님은 책꽂이에서 무언가를 꺼내, 내가 빨리 수업을 마칠 수 있을지도 모른다는 기대로 급하게 푼 학습지 위에 내려놓는다. 연필이 책상 위를 굴러 바닥에 떨어지면서 요란한 소리를 내지만, 우리 둘 중 아무도 그걸 주우려고 하지 않는다.

선생님은 저자명을 가리킨다. "이 책은 모리스 센닥Maurice

Sendak이 쓴 책이야. 선생님이랑 같이 말해볼래?"

나는 아무 말도 하지 않고 쳐다본다. 스노우 선생님은 책을 펼쳐 페이지를 넘기면서 음영이 들어간 그림 몇 개를 보여준다.

"모-*리스* 센-닥. 이 사람이 여기 있는 모든 글을 썼단다. 그리고 이 재밌는 그림들도 다 그렸어." 스노우 선생님은 말한다. "센닥 아저씨는 선생님이 제일 좋아하는 작가 중 하나야."

나는 선생님이 오래된 사진첩을 보듯 책을 한 장 한 장 넘기는 걸 바라본다. 때때로, 우리가 재미있는 걸 하고 있을 때, 선생님은 우리 할머니와 닮았다. 선생님과 할머니는 둘 다 혼자만의 웃음을 짓고 안경을 고쳐 쓰면서 내가 노는 걸 바라본다. 그럴 때 나는 할머니나 스노우 선생님이 어떤 기분 좋은 생각을 하고 있는 건지 궁금해진다. 스노우 선생님의 꿈꾸는 듯한 눈 때문에 나는 모리스 센닥이라는 사람이 뭐가 그렇게 대단한지 알고 싶어진다.

선생님은 책을 다시 책상에 내려놓는다. 선생님이 문장을 따라 손가락을 움직이면 나는 글을 읽는다. "한 번, 두 번, 쌀이 들어간 닭고기 수프를 홀짝거려요."

이것은 내가 처음으로 읽은 시다.

하루는 학교 식당에서 도시락을 열자 에밀리라고 하는 파란 눈의 여자애가 코를 찡그리고 묻는다.

"*그게 뭐야?*"

우리는 이걸 주먹밥이라고 부른다. 주먹으로 뭉친 밥이라고 해서 주먹밥. 또는 주먹 정도의 크기와 모양인 밥이어서 주먹밥. 나는 그 이름에 담긴 억센 느낌이 엄마를 완벽하게 묘사한다고 생각한다.

도시락을 만들어주기 위해 밥을 한 솥 지어서 참기름, 식초, 소금, 그리고 약간의 설탕으로 간을 하는 엄마. 엄마는 설탕과 소금이 잘 녹도록 밥이 아직 뜨거울 때 양념과 버무린다. 맨손으로, 불필요한 동작이란 하나도 없이 춤을 추듯. 데일 듯이 뜨거운 밥알 하나하나에 양념이 잘 스며들게, 밥알이 뭉개지지 않게 주먹밥을 쥔다. 엄마의 손을 감싸는 피부는 수년간 열기와 양념을 다뤄온 탓에 거칠고 두껍다.

에밀리가 코를 찡그리며 나에게 *그게 뭐야*라고 물을 때, 내 머릿속에는 이 모든 장면이 떠오른다. 하지만 이 모든 것을 담을 수 있는 단어는 없다. 양념된 밥으로 작게 썬 연어조각을 감싸고 볶은 깨에 굴리는 엄마를 바라보는 일. 수년간 반복된 전통을 통해 터득한, 밥알이 뭉개지지 않으면서도 흩어지지 않게 하기 위해 필요한 적당한 압력. 언어화된 가르침 없이 어떻게 만드는지 배운 간단한 요깃거리. 엄마가 깻잎을 묶음에서 한 장 떼어낼 때 책장을 넘길 때처럼 엄지손가락에 침을 바르는 모습. 도시락통 바닥에 밥이 붙지 않도록 깻잎을 한 장 깔 때 나는 소리. 이 모든 것을, 서로를 돌보는 일의 동작과 냄새를 나타낼 만한 단어는 없다.

하지만 집에서 우리는 이것을 주먹밥이라고 부른다. 나는 아직 fist라는 단어를 배우지 못했지만, 알고 있었더라도 에밀리가 *그게 뭐야?*라고 물었을 때 그 단어가 쓸모 있지는 않았을 것이다.

나는 다급해진다. 주먹이 어떻게 생겼는지는 알지만, 그걸 영어로 무엇이라 부르는지 모른다. 하지만 주먹은 펀치를 날릴 때 쓴다. 나는 에밀리에게 내가 punch rice를 먹고 있다고 말한다.

"Punch rice?" 에밀리는 한쪽 눈썹을 치켜든다. 내 몸은 부끄러움에 휩싸여 굳어버리고 나는 주체할 수 없이 낄낄거리기 시작한다. 어쩌면 이때가 내가 살아가는 일이란 느리게 부패하는 것이라고 처음 느꼈던 순간이다. 어쩌면 이건 나의 첫 공황발작이다. 나는 에밀리의 질문보다 *내*가 더 눈길을 끌었다는 걸 안다.

에밀리는 눈을 뒤룩거리더니 자기 도시락을 먹기 위해 고개를 돌린다.

차별이란 기념비적인 규모의 수치심을 주는 사건으로만 나타나지 않는다. 항상 비웃음과 조롱의 형태를 띠는 것도 아니다. 차별은 사람들로 가득하지만 같이 앉을 사람은 아무도 없는 방이다. 차별은 내 주위를 둘러싸고 웅웅거리는, 끼어들 틈이 없는 대화들이다. 차별은 사람들이 한 명씩 내가 그들과 어떻게 다른지를 확인시키고 조용히 무관심 또는 혐오감을 표현하는 것이다. 단 하나의 거대한 굴욕적인 사건이 아니라, 여러 개의 작은, 개인적인 실망으로 이루어져 있다.

수년 뒤, 엄마와 나는 백인들 사이에서 주먹밥을 rice ball이라고 말하게 될 것이다. 그것은 좋게 말해봤자 기능적인 이름일 뿐이다. 번역하고 설명하는 과정에서 주먹밥이라는 이름에 담긴 시적인 요소가 증발해 버린다고 느끼지 않을 수 없다.

그날은 정해진 요일 없이 찾아온다. 생일이나 휴일과 겹칠 수도 있지만, 언제가 될지는 무작위이다. 돼지고기가 싸게 팔리고 있었거나, 아버지가 직장에서 특히 고된 하루를 보냈거나, 엄마가 심심했기 때문인지도 모른다. 이유가 무엇이든, 그날 본가에 들르면 그것을 발견하게 된다. 특별한 감탄사도 알림도 없이, 여느 때, 여느 끼니와 다를 바 없다는 식으로 요리 과정이 펼쳐지고 있다.

엄마는 거대한 삼겹살 덩이에 칼을 밀어 넣어 뼈를 발라낸다. 조림용 냄비에 녹차가루, 대회향, 사등분한 양파, 얇게 자른 생강, 그리고 마늘 열두 쪽을 넣는다. 삼겹살을 길게 반으로 가르고, 두툼하고 긴 덩어리 고기를 껍질이 위로 오도록 냄비 안에 접어 넣는다.

나는 엄마가 고추장과 채 썬 무, 그리고 빛에 반짝이는 굴로 무침을 만드는 동안 부엌에 자리를 잡고 앉아 냄비 유리 뚜껑에 맺힌 수증기를 지켜보는 걸 좋아한다. 오곡밥이 든 압력솥이 부엌 싱크대 위에서 김을 내뿜고, 그 옆에는 싱싱한 배춧잎이 하얗고 노란 어린 국화꽃처럼 가만히 포개어진 채 가볍게 절여지기를 기다리고 있다.

이것을 쌈이라고 부른다. 또는 적어도 이것은 쌈의 한 종류이다. 쌈이란 무엇이든 가리킬 수 있다. 우리는 다양한 음식을 싸서 먹는다. 소금, 후추, 그리고 참기름을 섞은 기름장에 찍은 한입 크기의 구운 소고기. 양념장에 재워 구운 돼지고기. 때로는 차가운 날 생선 몇 점을 새콤달콤한 초장에 찍어 깻잎에 싸 먹기도 한다.

남편은 내가 한국말로 통화하는 것보다 내가 부모님과 저녁 식사를 하는 모습을 보는 게 아마 더 당혹스러울 것이다. 엄마는 내가 남편을 데려올 때면 언제나 그가 먹어보지 않은 특별한 요리를 선보이려 한다. 오늘 저녁 메뉴는 보쌈이다. 엄마는 쥐어짤 수 있는 최대한의 영어로, 망설임을 나타내는 한국어 표현을 중간 중간 끼워 넣으며 보쌈을 어떻게 먹는지 보여준다.

"*이렇게 먹는 거야.* You eat it like this." 엄마는 삼겹살 한 점을 집어 배춧잎 위에 올린 밥을 덮는다. 엄마의 젓가락질은 빠르고 의도적이다. "*그 다음은 굴 무침.* Next the oyster salad." 엄마는 단어의 말미에 오는 D를 길게 늘여 별도의 음절로 발음한다. "거 뭐야? *진짜 맛있다니까. 우리 새로 생긴 아들 먹이려고 준비한 특별한 요리거든.* Oh, is very delicious. Is like, Like special treat, for you. My new son."

아버지는 이 식탁에서 사위를 보리라고는 생각지도 못했다는 농담을 한다. 나는 그를 쳐다보며 말한다. "아니 왜 그러셔? 쓸

데없이. That's so not necessary." 심통난 아이의 '왜 그래'라는 말은 할머니에게서 배운 사투리로 굴절되고, 이곳에 살면서 터득한 차가운 미국식 표현과 만난다. 할머니의 사투리는 한국인이라도 도시에 사는 사람들은 많은 경우 이해하지 못하는 말이다.

브라이언은 아버지의 관심 어린 눈길 아래 조심스럽게 저녁을 먹는다. 그가 젓가락질을 할 때는 모두가 백인치고 잘 한다며 감탄한다. 아버지는 밥을 너무 적게 먹는다고 브라이언을 끝도 없이 나무란다. "너무 짜지 않니?" 부모님은 묻는다. "밥을 더 먹어야지." 아버지가 덧붙인다. "미국 사람들은 너무 날씬해." 하지만 브라이언은 우리처럼 자라지 않았다. 그는 미국 중서부의 괜찮은 가정에서 자랐고, 그의 어머니는 주먹만한 크기의 보쌈을 입안에 우겨 넣고, 5분 동안 그걸 우물거리면서 새로운 쌈을 싸지 않는다. 그가 조심스럽게 식사하는 모습은 우리에게 사실 약간 무례하게 느껴진다. 긴 시간 발효하고, 재우고, 조린 이 모든 음식을, 신맛과 짠맛을 누그러뜨려줄 밥 없이 먹는다는 걸 우리는 상상할 수 없다. 마치 그가 자기는 우리의 음식이 어떤 맛이어야 하는지 이해하지 못하고, 무슨 맛이라도 상관 없다고 말하는 것 같다.

하지만 브라이언은 모든 걸 먹어보고 싶을 뿐이다. 언제든지 먹을 수 있는 '사이드 메뉴'인 밥으로 배를 채우기보다 여러 가지를 조금씩 먹어보고 싶은 것이다. 이 모든 것은 그에게 새로우니까.

한국인 가정에서는 끼니마다 밥이 나오기 마련이다. 익힌 쌀을 뜻하는 단어 '밥'이 음식 또는 식사를 의미하기도 한다. 밥은 필수이며, 그걸 '사이드'로 부르는 것은 어쩐지 지나친 단순화로 느껴진다. 한식에서는 김치나 두부처럼 흔히 볼 수 있는 음식에서부터 매콤한 양념에 볶은 주꾸미나 등심처럼 호사스러운 요리가 '반찬', 즉 '사이드'이다. 브라이언이 생각하는 것과 반대인 것이다.

밥에는 사실 반찬이 필요하지도 않다. 김치나 달짝지근하게 양념한 소고기와 양파를 넣은 볶음밥을 할 수도 있고, 간을 한 야채, 고추장, 그리고 건드리면 노른자가 흘러나오는 계란프라이를 얹어 비빔밥을 만들거나, 날 생선과 고추장, 마늘, 그리고 쑥을 곁들여 '회덮밥'을 만들 수도 있다. 간식으로 우리는 쌀가루를 쫄깃하게 반죽해 만든 '떡'을 먹는다.

우리에게 쌀은 물만큼 중요하다고 할 수 있다. 하지만 물의 맛이 그렇듯, 쌀에 대한 나의 깊은 경외심은 언어로 표현하기 어렵다. 브라이언이 그걸 왜 이해하지 못하는지는 짐작할 수 있다. 그가 쌀의 중요성에 동의할 때까지 그 문화적 의미를 설명하고 또 설명할 수 있지만, 그는 결국 관광객 이상이 되지는 못할 것이다. 관찰자나 관객 그 이상이 될 수 없을 거다. 엄마가 쌀가루에 물을 조금 타서 쑨 풀로 오래된 사진을 스크랩북에 붙였을 때 브라이언은 그 자리에 없었으니까. 쌀 한 톨에 담겨 있는 온갖 신비에 대해 이야기했을 때, 그 풀을 양념과 섞어 김치를 담그거나 창호문에 난 구멍을 메꾸었을 때 그 자리에 없었으니까. 나는 쌀을 통해 상상력을 길렀다. 쌀을 통해 호기심과 그리움을 배웠다. 하지만 브라이언은 그때 그 자리에 없었다.

브라이언의 백인 친구 중 한 명은 스스로에게 주는 크리스마스 선물로 발효용 오지단지를 산다. 김치를 한번 만들어보고 싶다고 하면서. 김치를 담그는 일이 '한번 해볼'만한 일인 양 말이다. 발효용 오지단지라는 말을 나는 한 번도 들어본 적이 없다.

발효 후 꺼낸 그녀의 김치는 축축하고 시들어빠졌고, 콧물을 연상시키는 반투명한 노란색에다가 스스로의 무게만으로도 찢어진다. 무엇이 잘못되었는지 정확히 설명할 수는 없지만, 보기만 해도 굉장히 잘못되었다는 걸 알 수 있다.

나는 걸음마를 떼는 나이였을 때부터 이미 양파와 마늘을 까고 있었다. 너무 오랫동안 해왔기 때문에 이제는 눈을 감고 한 손으로도 할 수 있을 정도다. 어릴 때부터 나는 증조 할머니와 함께 커다란 금속 대야 앞에 앉아 양파와 마늘 수십 개의 껍질을 벗겼다. 할머니와 엄마는 각각 다른 대야 앞에 앉아서 한 사람은 쌀가루와 물로 풀을 쑤고, 한 사람은 굵은 소금을 반으로 가른 배추에 문질렀다. 김치를 담글 때면 적어도 배추 여섯 포기를 준비했다. 그렇지 않으면 그 많은 시간을 들여서 부엌을 난장판으로 만드는 의미가 없었다.

세 여자들은 배추의 잎맥을 따라 소금을 뿌렸다. 배추가 수분과 소금기를 머금도록, 적어도 두 시간은 기다렸다. 그동안 누군가는 무와 당근을 성냥 크기로 채 썰었고, 부추와 미나리, 다진 생강, 새우젓, 양파 하나, 그리고 마늘 서른 쪽을 고춧가루와 함께 쌀가루 풀에 섞었다. 이 끈적한 액체를 배추 여섯 포기의 잎 하나하나 사이에, 맨손으로 문지르고 채워 넣었다.

으레 소녀들이 엄마에게서 화장법과 예쁘게 몸단장 하는 법을 배운다는 이야기를 듣는다. 우리 집안에서는 그런 일이 전혀 없었다. 화장실에서 또는 거울 앞에서 무엇을 할지는 각자 해결할 일이었다. 나의 외가 쪽 여자들은 다리털을 면도하거나 왁싱하지 않았다. 우리 집에서는 김치 담그는 일이 통과의례였다. 이것이 엄마가 가르쳐준 가치 있는 고통이었다. 소금의 따끔함. 우리를 억세고 무감각하게 만드는 통증. 말라비틀어지고, 피부가 종잇장처럼 얇고, 새우처럼 등이 굽은 나의 할머니 같은 여자가 몇 시간 동안 견딜 수 있으리라고는 상상하지 못할 종류의 고통 말이다.

엄마는 머리에 헤어롤을 끼고 자는 여자다. 나는 헤어롤을 왜 그리고 어떻게 사용하는지 모른다. 엄마는 김치를 담그는 여자다. 나는 김치를 왜 그리고 어떻게 담그는지 안다.

그 백인 여자애의 김치가 완전히 엉망이 되었을 때 나는 마음 한 켠으로 '꼴 좋다'고 생각했다. 무엇이 잘못된 거냐는 질문을 받았을 때는 어디서부터 시작하는 게 좋을지 알 수 없었다.

하루는 TV 앞에 앉아 있는데 남편이 내 앞에 접시를 하나 내려놓는다. 그는 일리노이주 시골에서 핑크칼라*로 자라서 모음을 길게 늘여 말하는 습관이 있는 백인 남자다. 먹다 남은 삼겹살, 김치, 해선장, 그리고 고추장을 조금 넣어 오믈렛을 만들어봤다고 한다. 내가 몇 년간 수집한 극동 지역의 온갖 향신료를 조합해 실험을 해봤다는 것이다. 결론부터 말하자면, 그가 만든 요리는 정말 맛있다. 브라이언은 내가 먹어본 것 중 최고에 속하는 햄버거와 스테이크 샌드위치를 만들 줄 아는 셰프이다. 그는 팰러타인Palatine 시내에 있는 락앤롤 바 겸 레스토랑에서 일하는데, 그가 칠리를 만들기 위해 골수가 녹아든 육수를 내거나 미트로프에 넣을 선드라이드 토마토 그레이비를 처음부터 직접 만들고 있는 걸 보고 있으면, 그의 요리를 그저 '바에서 파는 음식'이라 치부할 수는 없다. 그는 제대로 요리를 할 줄 안다.

하지만 나는 방어적인 기분에 빠지고 만다. 맛있고 따뜻한 요리를 대접받았는데도 기분이 상한다. 뭔가 찝찝하다. 굳이 뜯어보자면, 김치를 충분히 볶지 않았다고 지적할 수 있다. 제 구실을 할 줄 아는 한국인이라면 누구라도 놓치지 않았을 부분이다.

* 핑크칼라: 블루칼라(생산직 노동자) 또는 화이트칼라(사무직 노동자)와 달리 주로 서비스산업에 종사하는 여성노동자들이나 미숙련 노동자로 낮은 임금을 받는 노동자군을 가르킨다._역주

하지만 남편은 나에게 아침 식사를 차려준 것이지, 요리 콘테스트에 참가한 게 아니란 걸 떠올린다.

이를테면 이건 백인 친구가 한국식 바비큐를 해 먹자고 할 때마다 드는 기분이다. 요리 전문 채널에서, 문신을 하고 19세기풍 콧수염과 턱수염을 기른 백인 남자가 로케이션을 켠 트윗으로 홍보하는 푸드트럭에서 김치와 케밥과 반미를 혼합한 끔찍한 퓨전 요리를 선보일 때 느끼는 감정과 비슷하다. 백인들이 자기가 *김치*와 *불고우기*를 얼마나 좋아하는지 이야기할 때, 한국어와 영어 사이에 아무런 간극이 없는 것처럼 혀를 굴리며 그 단어들을 입에 담을 때 느끼는 기분이다.

말하자면, 내 거 건들지마, 같은.

이성적인 감정이 아니란 걸 알기 때문에 설명하기가 힘들다. 하지만 한국 출신 바이링구얼 이주민으로서, 자잘한 집안일을 하거나 슈퍼에 다녀오는 것과 같은 일상적인 활동을 하는 동안 영어와 한국어를 번갈아가며 사용하는 사람으로서, 부모님과 형제들과 이야기할 때는 영어와 한국어의 너무나 다른 소리, 방언, 그리고 문장구조가 물 흐르듯 자연스럽게 조합된 언어를 쓰는 사람으로서, 말하자면 정말 짜증이 난다. 누가 맛있는 발효 음식을 즐길 수 있는지에 대해 쪼잔하게 굴기는 싫다. 그리고 냄새 나는 한국 음식에 대한 낙인이 점점 사라지고 있는 게 반갑다. 하지만 남편이 내가 성인이 되어가는 수년간의 과정에서, 나에게 맨손으로 수십 개의 마늘을 까는 인내심을 가르쳐준 어머니, 할머니, 그리고 할머니의 어머니의 암묵적인 도움으로 큐레이팅한 재료를 가지고 어림짐작해 만든 음식을 가져올 때, 나는 '회초리 하나 가져와'라고 말하고 싶어진다.

한국 음식에 너무나 관심이 많아서 집에서 혼자 김치를 담가봤지만, 한국 사람은 처음 만난다는 이를 만날 때 나는 놀란다. 그들이 자신의 호의를 주장하기에 앞서 내 생각은 어떤지, 어떤 기분이 드는지 물어봤으면 좋겠다. 브라이언이 아시안 재료를 때려넣은 요리를 만들기 전에, 재료를 어떻게 사용하는지 물어봤으면 좋겠다. 내가 집에 *설렁탕*을 가져오면 스리라차 소스를 찾기 전에 국물을 음미하고, 이 음식이 어떻게 만들어지는지, 어렸을 때 이걸 먹었는지, 그리고 우리에게는 이 음식이 어떤 의미인지 물어봤으면 좋겠다.

만약 브라이언이나 다른 백인 친구가 먼저 나에게 물어본다면 이렇게 대답하겠다.

설렁탕에 스리라차 넣을 생각도 하지 마. 그건 우리 할머니와 태국이라는 나라 전체에 대한 모욕이야.

이 탕은 맵게 먹는 게 아니야. 서구 중심주의적 문화가 한국 음식은 뭐든 맵다고 믿게 만들었을지 모르지만, 이건 달라. 우리는 한 가지 맛으로만 구성된 사람들이 아니야. 때와 장소를 가릴 줄 알아야지.

설렁탕은 나에게 생명의 은인 같은 요리다. 아기인 나를 진찰하던 의사가 내가 너무 말랐다고 말하자, 할머니는 사골을 구해와 깨끗이 씻고 솥에 넣어 통양파와 무와 함께 몇 시간 동안 끓였다. 오랜 시간 국이 끓으면서 뼈 안의 골수는 우윳빛이 나는 진한 육수로 녹아들었다. 설렁탕의 최소 단위는 일주일 치이다. 한 끼만 먹기 위해 그 많은 수고를 들일 수는 없을뿐더러, 국물을 내기 위해 들어가는 뼈의 양도 만만치 않기 때문이다. 할머니는 이 단백질 덩어리, 뽀얗고 따뜻한 국물을 나를 위한 이유식으로 만들었다. 이 국을 먹으면 살이 붙을 것이라고 생각했고, 할머니는 옳았다. 남은 설렁탕은 몇 주 동안 가족들의 저녁 식사가 되었다. 다진 대파와 희미하게 빛나는 당면을 넣은 설렁탕과 머릿수에 맞춰 푼 밥을 식탁에 올려, 나의 부모님과 당신의 남편과 함께 먹었다. 설렁탕을 만들 때 쓰이는 사골은 미국에서는 버려지는 뼈이다. 어떤 정육점에서는 공짜로 주기도 한다. 하지만 나의 가족에게 사골은 너무나 소중한 것이었다. 설렁탕은 별미이다. 겨울을 따뜻하게 보내게 해줄 호사스러운 요리인 것이다.

우리 집에서는 각자 국물의 간을 맞출 수 있게 식탁 한가운데에 소금과 후추를 담은 얕은 그릇을 둔다. 설렁탕은 맵게 먹는 음식이 아니다. 국물에 주의를 기울여 음미하면 골수의 진한 맛만으로도 몸이 데워진다. 탕을 끓이는 데 들인 수고를 생각해보면 더 이상 양념을 더할 필요가 없다.

내가 누군가에게 요리를 해준다면, 그의 손을 잡고 한인 슈퍼나 식당이나 엄마의 부엌으로 이끈다면, 나는 그에게 무언가 새로운 음식을 맛보게 하려는 것이 아니다. 우리의 요리는 파티에 갈 때 뽐내기 위해 만드는 음식이 아니다. 나는 진하고, 대대로 전해져 내려온, 뭉근한 불로 오랫동안 끓인 무언가를 나누려는 것이다. 사물의 이름 너머에 있는 무언가, 편안함과 다정함에 대한 무언가, 낯설지 않은 무언가를, 그것이 다른 언어로 되어 있을지 모르지만 전하려고 한다.

엄마는 내가 도를 넘어서 뚱뚱해지고 있다고 생각한다. 온갖 종류의 다이어트와 우리 형편에 맞지 않는 미용 시술을 권한다. "돼지처럼 먹지 좀 마." 라고 말한다. 엄마는 그 단어를 자주 쓰는 편이다. 돼지. 엄마는 부엌을 지키면서 내가 가까이 가면 쫓아낸다. 냉장고를 매의 눈으로 살피고, 기름기가 많은 음식이 얼마나 남았는지 세세하게 기억한다. 다이어트 약을 먹이고, 땀에 얼룩지고 너무 꽉 끼는 옷을 입히며, 방과 후 모두가 보는 앞에서 운동장을 달리게 한다. 더 좋은 옷은 몸이 그런 옷을 입을 자격이 되었을 때 고를 수 있다고 말한다.

    엄마가 어딘가를 밀고 들어오면, 나는 반대 방향으로 뛰쳐나간다. 엄마는 냉장고를 지키고, 나는 침대 밑에 불량식품을 숨긴다. 문을 닫고 방에 처박혀 있거나 밖에 나가 친구들을 만난다. 말수를 줄이고 혼자 있는 시간을 늘린다. 엄마는 한밤중에 내 방에 들이닥쳐 방언 기도를 중얼거리며 내 쪽잠조차 방해한다. 내 물건을 뒤지면서 그걸 청소라고 부른다. "이게 사람 사는 곳이냐, 돼지우리냐." 내 주머니와 가방을 매일 뒤지고, 내가 다른 사람들에게 엄마에 대해 무슨 얘기를 하는지 말하라고 한다.

내 친구들은 모두 엄마가 이상하고 최악이고 미쳤다는 것에 동의한다. 나는 웃어넘겨보려고 하지만 친구들은 지낼 곳을 마련해주겠다고 하기 시작한다.

우리 집에서 나는 소리의 볼륨은 고함 또는 얼음장 같은 침묵뿐이다. 나는 식은땀을 흘리며 악몽을 꾸고, 거의 잠들지 못한다. 얻어맞는 게 정상은 아니라는 것, 적어도 건강에 좋지는 않다는 걸 깨닫고 있다. 아버지를 보는 날이 거의 없다는 걸 깨닫고 있다. 만났을 때마다 아버지는 포옹하자고 하지만 내가 어떻게 지내는지는 묻지 않는다. 엄마에게는 타인과 자신 사이의 경계라는 개념이 없다. 나는 엄마의 처참한 자기혐오의 연장일 뿐이다. '자기혐오'라는 말을 아직 배운 적이 없지만 내 몸은 이미 그 단어를 알고 있다. 내 뚱뚱한 몸은 엄마의 뚱뚱한 몸이다. 내 넓은 코는 엄마의 넓은 코다. 내 쌍꺼풀 없는 눈은 엄마의 눈이고, 내 안짱다리도, 트라우마로 굳어버린 내 시선도 엄마의 것이다. 나는 언제나 화가 나 있고 긴장하고 있다. 내 몸은 부글거리며 끓고 밖으로, 밖으로 밀고 나오려 한다. 어딘가 평화롭고 충분히 넓은 곳에 닿고 싶어한다.

나는 열 네 살이다. 나에게는 종이에 구멍이 날 정도로 꾹꾹 눌러 휘갈긴 글과 폭력적인 그림으로 가득한 공책이 있다. 그곳에다 엄마에게 편지를 쓰기도 한다. 이 공책은 나의 소유물이라고 할 만한 유일한 것이다. 나의 가장 못된, 가장 슬픈 생각을 말로 뱉지 않기 위해 여기에 적는다.

하루는 학교에서 돌아오자 엄마가 문 옆에 앉아 있다. 엄마는 공책을 내 얼굴 앞에 흔든다. 엄마의 머리는 헝클어졌고 분노에 차서 손가락 마디마디가 하얗게 될 정도로 주먹을 쥐고 있다. "이게 뭐야!" 엄마는 소리친다. 엄마는 내가 쓴 글을 소리내 읽기 시작한다. 화를 주체하지 못해 공책이 구겨지고 찢어진다. *만약에 내가 그렇게 돼지 같으면, 내 배를 갈라 먹지 그래?* 엄마는 말한다. "진짜 역겨워." 또 엄마가 말한다. "어떻게 이렇게 생각할 수가 있어?" 다시 엄마는 묻는다. "도대체 뭐가 문제야? 뭐 때문에 그렇게 화가 나냐고."

답이 엄마의 손 안에 있는데 어떻게 설명할지를 모르겠다.

엄마가 보고 싶어하지 않기 때문에 나는 보여주지 않는다.

어느 마약 근절 공익광고에서 아버지가 아들에게 묻는다. "이런 걸 어디서 배웠니?" 그러자 아이는 "아버지를 보면서 배웠어요."라고 말한다. 이 상황은 약간 이 광고와 비슷하다. 약간.

나는 독립적인 무언가가 되겠다는 생각을 포기하지만 이 사건을 통해 새롭게 깨달은 점이라곤 아무것도 없다. 이제 나의 못되고 슬픈 생각을 둘 곳마저 없어졌을 뿐이다. 반복되는 패턴의 골이 더 깊어질 뿐이다. 나는 밀고, 엄마는 당긴다. 나는 과식하고 토한다. 물건을 부순다. 운다. 칼을 들고 자해한다. 내가 물러서면, 엄마는 밀고 들어온다. 엄마는 화장실 문의 잠금장치를 없앤다. 나는 도와달라고 빈다. 엄마는 기도회를 연다. 나는 모든 걸 삼킨다. 엄마는 내 비밀을 교인들 모두에게 증언한다.

나는 아버지의 위스키를 혼자 마시고 있다. 난 열네 살이고, 엄마는 이미 내가 어떻게 구원되었는지에 대한 이야기를 쓰고 있다. 신앙을 위한 그녀의 희생 이야기 말이다.

금붕어와 미꾸라지

꿈 속에서, 엄마는 파란 천막으로 차양을 한 가게에서 금붕어를 산다. 내가 태어난 곳을 떠올리게 하는 풍경이다. 나이든 여성들이 꼬치에 꽂은 어묵과 수증기가 피어오르는 육수에 담긴 번데기를 팔고, 가죽 같은 얼굴에 손가락 부분이 잘린 장갑을 낀 남자들이 겨울마다 숯이 담긴 석쇠판을 들고 와 갓 구운 밤을 종이 봉투에 담아 팔던 한국의 시장.

　엄마가 산 금붕어는 어항에 비해 너무 커지고, 그 다음 어항도, 그리고 세 번째 어항도 더 이상 맞지 않게 된다. 나는 다급하게 물고기를 담을 수 있는 무언가를 찾다가, 물고기를 욕조에 넣는다.

　욕조에 물을 채우지만, 내가 등을 돌린 사이 물고기는 스폰지처럼 물을 빨아들인다. 나는 수도를 틀고, 한 숨 돌리는 사이 물은 또다시 사라져 버린다. 이 거대한 물고기는 옆으로 누워, 숟가락의 오목한 부분처럼 은빛으로 빛나며 한껏 열린 눈을 하고는 입을 뻐끔거린다. 물고기가 몸부림을 칠 때마다 화장실 타일이 덜거덕거린다. 내가 물고기를 살리고 싶어하는 만큼 물고기는 다급하게 숨을 쉬고 싶어한다. 나는 욕조에 물을 채우고 또 채운다. 이건 끝이 없고 실패할 수밖에 없는 과제처럼 느껴진다. 물고기가 물에 잠길 정도의 공간이 나오질 않는다.

　잠에서 깨면 몸이 납덩이처럼 무겁다. 가라앉고 있다.

엄마는 나를 1990년 서울의 병원에서 낳았다. 자연분만을 하기에는 골반이 너무 좁았다. 의료진들이 나를 튜브와 모터로 빨아내는 동안 엄마는 지지대에 발을 얹은 채 힘을 주며 울었다. 나를 원한 것도 아니었다. 그녀는 자신이 무엇을 원하는지 잘 몰랐다. 아무도 그녀에게 묻지 않았다. 1990년도에 여성으로 살아가는 것을 상상해보라. 1990년도에 한국 여성으로 살아가는 것을 상상해보라. 어쨌든 그녀는 그곳에 있었다. 허리 아래로 벌거벗고 마비된, 내가 짐작하기에 그녀의 성적 경험 내내 그랬을 것이라 느껴지는 상태로. 갑자기 나를 안고 있는 엄마.

안전과 순수는 자연상태에서는 존재하지 않는다. 어린 시절이란 사회적으로 구성된 개념이다. 아이를 양가적인 감정 속에서 멀찍이 떨어져 바라보거나 아이가 제발 또 울어 젖히지 않기를 바라면서 주먹을 꽉 쥔 엄마가 아니라, 아이를 기적이라고 부르는 엄마를 가진 이들에게 허락되는 관념적 열병이다.

나는 내 어린 시절에 대해 별로 생각하지 않는다. 조각조각을 자꾸만 잊어버리고 있다. 나는 잊어버리는 데 소질이 뛰어난데, 그건 작가에게 유용한 기술은 아니다. 하지만 눈을 꽉 감으면, 이런 것들이 보인다. 엄마가 화내는 모습. 아버지가 또 다시 출장을 간다며, 언제 돌아올지는 말하지 않으면서 기념품을 사오겠다는 약속을 하고 몸을 움츠려 현관을 빠져나가는 모습. 웅크린, 언제나 웅크린 몸. 한 해는 디즈니 월드에 갔지만, 다음 해에는 빈대에 물린 자국에 딱지가 앉고 배에서 곯는 소리가 나던 것. 여섯 살에 엄마와 병원에 가서 혈장을 팔았던 일, 피가 튜브를 통해 떨어지는 동안 그들이 약속한 쿠키를 곁눈질하던 것. 아기였을 때 넘어졌던 것, 나 말고는 아무도 젖병을 잡아주는 사람이 없어서 분유가 얼굴을 타고 뚝뚝 떨어졌던 것. 텅 빈 집에서 잠이 깨던 것, 배 어딘가 알 수 없는 곳의 욱신거림. *너 배고프니, 아픈 거니*라고 물으면서 점점 짜증이 차오르는 엄마의 얼굴. 난 엄마에게 말한다. 몰라요, 몰라요. 나는 그냥 아프다, 둔하게, 뭔가 있어야 할 게 없는데 무겁고 어쩌면 둥둥 떠다니거나 쪼그라들거나 사라지고 있는 것처럼, 서서히 시들어가는 것처럼.

20년 후 어느 날 사람들로 가득한 교실에 앉아 있다가 갑자기 그 욱신거림이 다시 찾아오고, 이번에 나는 그것의 이름이 외로움이란 걸 안다.

내가 이 느낌에 대해 장황하게 설명하는 동안, 자신이 해결할 수 없는 또 다른 문제의 등장에 엄마가 주먹을 꽉 쥐었던 걸 기억한다. 엄마의 진단하려는 질문들이 멈추자 나는 아빠가 언제 집에 오는지 물었다.

　대답은 언제나 *어쩌면*으로 시작한다. 때로는 날 손등으로 때리면서 끝난다.

분위기가 너무 처졌을 때, 파티에서 사람들을 놀래키거나 즐겁게 하려는 의도로 엄마가 늘 뒷주머니에 대기시켜두는 이야기가 있다. 내가 왜 이 이야기를 평소에 잊고 사는 수많은 생일날에 대한 기억과 처음으로 한 경험들과 매맞던 일들과 같이 떠올리는지는 모르겠지만, 어쨌든 난 그 이야기를 떨치지 못하고 있다.

　엄마는 봄이 되면 맑은 개울물에서 놀 수 있는 작은 마을에서 어린 시절을 보냈다. 엄마 말에 따르면, 당시에 엄마는 꽃을 따서 일기장 페이지 사이에 끼워두는 류의 소녀다. 엄마는 잠자리, 도마뱀, 그리고 물고기를 관찰한다. 때로는 그것들을 잡아 유리병에 넣는다. 하루는 가느다란 미꾸라지 하나와 눈이 볼록 튀어나온 금붕어 한 마리를 유리병 속에 넣어서 집에 데려간다.

　엄마는 금붕어와 미꾸라지에게 애완동물 가게에서 파는 물고기밥을 먹인다. 각각에 이름을 붙인다. 그들은 잘 지낸다. 매일 엄마는 학교에서 돌아와 신발을 벗고 햇볕이 내리쬐는 창가의 책상에서 숙제를 하면서 물고기들을 지켜본다. 그러다 일주일간 물고기들에게 먹이 주는 걸 잊어버린다.

금붕어는 유리병에 부딪히면서 맥없이 떠다닌다. 엄마는 커다랗고 볼록한 눈이 빛나던 자리가 텅 빈 구멍이 된 것을 바라본다. 그 빼빼 마른 미꾸라지가 너무 배고파서 친구의 눈알을 먹은 것이다. 눈알만.

이 이야기는 내가 처음 이 이야기를 들은 몇 년 동안 두개골 속에서 굴러다니다가 그 후에 팡 터져서 내 어린시절이 튕겨져 날아가고, 그 기억은 점차 속도를 늦춘다. 그 이야기는 희미한 혼돈 외에는 어떤 안내도 받을 수 없는 구불구불한 길에서 느긋하게 공회전 하다가 어느 날 샤워기 아래에 서서 내가 했던 최악의 행동들에 대해 생각할 때 비로소 떠오른다.

나에게는 분노 조절 문제가 있다. 약 문제가 있다. 섹스 문제가 있다. 친밀감에 대한 문제가 있다. 나는 불안증이 있다. 조울증. 애착에 대한 문제가 있고 만약 당신이 나에게 키스한다면 나는 이틀간 당신에게 쉴 새 없이 전화를 해댈 것이다. 당신이 나를 해치거나 이용할 생각이 아니란 걸 확인하려고, 날 정말 좋아하는지, 내가 장난감이 아니라 사람임을 안다는 걸, 내가 어떤 신비로운, 서서히 효력이 나타나는 방식으로 당신을 해쳤거나 당신이 사실은 내 몸이 역겹다고 느끼거나 하진 않았는지 확인하려고, 아니면, 나도 모르겠다. 나도 모르겠다.

아무도 집에 없을 때 내 뇌는 오작동한다. 나는 브라이언의 기타를 던지고, 부엌을 난장판으로 만들고, 내가 그에게 사준 생일 선물을 부순다. 그건 내가 한 최악의 행동 중 하나이고 나는 한 번 넘게 그렇게 한 적이 있다. 두 번이 넘는다.

죄송합니다. 저는 제가 좋은 사람이 아니란 걸 알아요.

죄송합니다. 하지만 저는 나쁜 사람이 따로 있다고 생각하지도 않아요.

우리 엄마가 나를 키운 건, 자신이 한 일 중 최악의 것 하나에 속한다. 날 키운 것을 생각하면 그녀는 다급하게 기도를 하게 되고 아버지는 소파에서 잠자게 된다. 그녀는 예수를 찾는다. 나는 약과 섹스와 간선 고속도로를 질주하는 걸 찾아간다. 나는 나쁜 남자친구를 찾아가고, 병원에 빚 지러 찾아간다. 나는 내 부모님이 했거나 하지 않은 모든 일들보다 더 크고 아플 만한 이유를 찾는다. 나는 사실 무언가를 잊어버리는 데 그렇게 소질이 있진 않다. 나는 억압하는 데 대단한 소질이 있다. 마치 아무것도 잘못된 게 없는 양, 설사 있더라도 펼쳐봤자 무용지물인 모호한 비밀인 양, 꽉 쥔 주먹의 마디마디가 하얗게 질릴 때까지 누르는 데 소질이 있다. 이걸 쓰면서도, 나는 어디까지 이야기했는지 잊어버리거나 머릿속에서 생각이 갑자기 사라지는 경험을 한다. 달리고 있을 때 언제나 모든 걸 두고 떠나버리는 것이 그것들을 계속 가진 채 달리는 것보다 쉽기 때문이다. 그렇지만 달려봤자 소용없다. 누군가가 당신을 때리고 몸을 붙잡고 뒤흔든 다음, 억지로 장난감이 든 가방을 싸게 해서 파란 방수포 차양 가게에서 나이든 여자들이 어묵 꼬치를 파는 시장에 데려가 거기에 버리는 일, 그건 자국을 남긴다. 그건 그저 보라색, 그리고는 노란색으로 흐려졌다가 없어지는 류의 자국이 아니다. 그건 전화기 너머로 남자친구가 소리지르는 걸 견디게 만들고 나중에 그가 취해 있지 않을 거라는 생각이 들 때 다시 전화를 걸게 만든다. 그건 사랑하지도 않는 사람을 쫓게 만들고, 상대가 당신을 사랑하지 않을수록 더 절박하게 쫓게 만든다. 그건 당신을 사랑하는 사람들이 끔찍하고 쓰레기 같은 짓을 당신에게 할 수 있다는 걸 수용하게 한다.

사랑은 누군가를 돌보고 상대가 눈부시게 반짝이는 빛에 감싸인 것처럼 바라보는 행동인데, 동시에 나는 사랑이 그 자체만으로 충분하지 않다는 걸 안다. 왜냐면 엄마가 나를 제대로 사랑하는 데 실패했다는 걸 우리 둘 다 아는 것만큼, 우리 둘 다 엄마가 나를 언제나 사랑해왔다는 것도 알기 때문이다. 사랑은 그래서 독단적이고 위험할 수도 있다.

우울은 끓는 물처럼, 잠시 내가 화장실에 갔다 온 사이 끓어 넘친 냄비처럼 닥쳐온다. 다른 문제들처럼 그것은 잊는 것으로 시작하고 끝난다. 나는 문자에 답장하는 걸 잊어버리고, 손톱을 자르는 걸 잊어버리고, 먹는 걸 잊어버리고, 어쨌든, 잊어버린다.

그래서 오늘은 여섯 시간이 걸려서야 침대에서 벗어나 샤워기 아래에 다다랐다. 어떤 두려움이 밀려온다. 나는 이 몸을 죽기 전까지 매일 씻기고 먹여야 한다. 죽기 전까지 매주 이 손톱을 잘라야 한다. 죽기 전까지 매달 전화비를 내야 한다. 이 모든 것은 한없이 지루하게 느껴진다. 나는 물 아래에서 움직이지 못하고 멈춰서 있다. 피부가 쭈글쭈글해지기 시작한다. 어딜 가야 하는지 잊어버려서 어떻게 움직이는지 잊어버렸고 꼭 이럴 때면 그 망할 미꾸라지와 금붕어 이야기가 떠오른다.

엄마가 이 이야기를 할 때 수줍은 듯이 웃는 소리, 교회 친구들이 귀기울이고 크래커를 조금씩 먹는 동안 찻잔의 손잡이에 두꺼운 손가락을 끼운 모습. 그 이야기는 자연스러운 결론에 도달하지 않는다. 그저 눈이 없어진 물고기가 햇볕을 받은 유리병 안에 둥둥 떠다니는, 망측한 장면에 도달할 뿐이다. 그게 다다. 그녀는 말한다. "물고기 밥 주는 걸 잊어버리면 그렇게 되나 봐요." 너무나 능청스럽게. 침대에서 팔만 뻗으면 닿을 거리에 있는 걸 어떻게 하루라도, 심지어 일주일을 잊어버릴 수 있는지 나는 생각한다. 그러다 나는 할머니의 신장이 점점 나빠지고 있고 종종 기절하신다는 점, 그녀의 연약한 새 같은 뼈를 떠올린다. 할머니는 엄마가 기억할 수 있는 한 평생 비전형적인 일종의 피부궤양을 앓으셨다. 나는 엄마가 신발을 벗어던지고 방바닥을 가로질러 할머니의 침대로 다가가 아무도 죽지 않았는지 확인하는 걸 상상한다. 나는 미꾸라지가 점점 배고파지는 동안 그녀가 자신의 어머니 무릎에 턱을 괴고 조는 모습을 상상한다. 할아버지가 퇴근해 집에 들어서서 넥타이를 푸는 모습, 침대에서 시들어가는 아내의 모습을 볼 생각에 마음이 무거워진 모습, 여기저기 널려 있는 신발에 발이 걸려 넘어지는 모습, 바닥에 뭔가 쏠려 얼룩진 자국을 발견하고, 할머니의 침대로부터 엄마를 끌어내 뒷마당에서 꺾은 회초리로 엄마의 다리가 빨갛게 부어오를 때까지 때리는 모습을 떠올린다.

이런 일들도 일어나는 법이다.

아직 샤워 후 물기가 마르지 않은 상태에서 나는 컴캐스트Comcast♣ 청구료에서 10불이라도 아껴보려고 산 인터넷 모뎀을 설치하기 시작한다. 그런데 내 컴퓨터에는 인터넷 포트가 없고 브라이언의 노트북은 배터리가 나갔으며 충전기는 없어진 상태다. 나는 폴리가 컴캐스트에 청구 문제로 전화를 걸었다가, 통신원에게 욕을 하고 전화를 끊고서는 소리를 지르면서 나에게 핸드폰을 던

♣ 컴캐스트: 미국의 인터넷 서비스 제공업체._역주

졌던 때를 떠올리지 않을 수 없다. 충전기를 찾으려고 온 집 안을 뒤집어 놓는 동안 이 짧은 회상은 나를 더 화나게 만든다. 나는 브라이언이 일하는 사이 다시, 또 다시 문자를 보낸다. 점점 감정이 격해지고, 내 몸은 화와 두려움과 피로 펄떡이고, 나는 브라이언에게 그가 정말 싫다고, 그와 같이 사는 건 최악이라고, 점점 더 끔찍한 말을 하고, 그가 일부러 나를 무시하는 게 아니라는 걸 알면서도 그냥 상처를 주기 위해 점점 더 심한 말을 지어낸다. 반려견 리로이는 내가 집안을 난장판으로 만드는 동안 책상 아래에서 부들부들 떨고 있고, 내가 그 순간 남편에게 문자로 보내는 단 하나 진실한 말은 *씨발 자살하고 싶어* 뿐이다.

나는 소파에 앉아 웅크린 채로 몸을 앞뒤로 흔들고 있다. 그냥 이 모뎀만 설치하면 되는데. 그게 모든 걸 해결해줄 텐데. 나를 고쳐줄 텐데.

브라이언은 쉬는 시간에 드디어 답장을 한다. *자기야, 자낙스 하나 먹는 게 좋을 것 같아. 거기 같이 있을 수 없어서 미안해. 사랑해. 제발 다치지 말고 있어줘.*

리로이는 방 건너편에서 나를 관찰한다. 이 잔뜩 긴장한 조그만 푸들 믹스견, 우주처럼 광활하고 내 눈처럼 까만 눈을 가진 개. 그녀는 눈을 피하지 않는다. 나를 무서워한다기보다 나를 걱정해서 무서워하고 있다.

나는 아버지가 교회에 있을 시간에 전화를 걸어 지금 엄청난 공황발작을 겪고 있지만 별일 아니고, 다 괜찮은데, 약간 죽을 것 같으니까 노트북을 좀 가지고 와줄 수 있느냐고 묻는다. 뒤에서 엄마가 한국말로 다급하게 여러 가지를 물어보는 소리가 들린다.

아버지는 지금 바로 출발하겠다고 말한다. 나는 전화기를 내려놓고 자낙스 0.5 밀리그램을 삼킨다. 다시 앉는다. 내가 울면서 "미안해, 정말 미안해."라고 중얼거리는 동안 리로이는 책상 밑에서 기어나와 내 옆으로 온다. 마치 내가 여기 아직 있다는 걸 확인하고 싶은 것처럼 코를 내 손목에 부비고, 발톱으로 허벅지를 파고든다.

아버지는 도착하자마자 대신 인터넷을 연결해주겠다고 하지만 금세 나에게 이 의식이 필요하다는 걸 알아챈다. 나는 이 한 가지를 오늘 제대로 해내야 한다. 그는 굳은 얼굴과 두드러진 한국식 발음으로 "돈 워리 어바웃 잇."이라 말한다. 그는 작은 소리로 웃음을 쥐어짜내고 내가 바닥에 앉아 차분하고 멍한 상태로 깜빡이는 모뎀과 노트북을 케이블로 연결하는 걸 지켜본다. 자낙스는 내 발음을 뭉개지만 손이 떨리지 않게 해주고 아버지는 내가 무언가 약을 먹은 티가 난다고 말한다. 그는 평가를 내리지 않는다. 그저 관찰한다.

그는 엄마한테도 이렇게 했을까?

멍 든 아이와 떨고 있는 아내가 있는 집으로 돌아온 밤에, 이렇게 했던 걸까? 어두운 방에서 내가 손 모양으로 등이 벌겋게 달아오른 채 울고 있었을 때, 아버지는 엄마의 등에 손을 얹고 소리 없이 관찰하면서, 굳은 얼굴로 *걱정 마*라고 했던 걸까?

그의 눈길은 침착하고 부드럽다. 그는 브라이언이 언제 집에 오는지 물어본다. 그는 내가 이사한 이후로 엄마가 나를 보고 싶어 한다고 말한다. 엄마가 나중에 한국 음식을 가지고 올 거라고. 여기서 한국식 집밥은 거의 못 먹고 있을 테니까.

그는 방을 살펴보지 않는다. 넘어진 가구를 지적하지 않는다.

그는 말한다. "괜찮아."

그는 말한다. "오래 걸려서 미안하다."

아무에게도 말한 적 없는 이야기 또 하나.

　나는 열 살이고 머리카락이 다 빠지고 있다. 사실은 내가 머리카락을 뽑은 거지만 그렇게 말하기에는 그 행동에 내가 사로잡힌 것 같아서 내가 머리카락을 뽑고 있다고 말하기가 애매하다. 이건 내가 세 살이었을 때 생긴 버릇이고 맹세하건대 이웃집 남자애가 나를 추행한 직후에 시작된 거지만 그 얘기는 별로 하고 싶지 않다. 그냥 모두가 나한테 화가 난 것 같아서 부끄러웠고 솔직한 게 위험하게 느껴지기 시작했다는 정도로만 얘기하겠지만 어쨌든 중요한 건 이 버릇이 그때 시작됐다는 거다. 검색해보고 싶은 충동이 든다면 '발모벽'이라고 찾아보면 되는데 어쨌든 중요한 건 모두가 나한테 계속 화가 나 있는 것 같아서 나는 계속 창피한 기분이라는 거다. 동그랗게 두피에 머리 빠진 자국이 나기 시작한다. 엄마는 나를 의사에게 데려가고 나는 단 한 번도 그 사람과 눈을 마주치지 않는다. 그는 계속해서 나에게 스스로 머리 카락을 뽑은 게 아니냐고 묻고 나는 내가 뭔가를 하고 있다기보다 모든 게 나에게 일어나고 있는 것 같아서 아니라고 고개를 젓는다. 아직은 그런 말을 할 언어가 나에겐 없다. 그에게는 돌봐야 할 다른 환자들이 있고 엄마는 '아무렴 제 딸이 스스로 머리를 뽑고 있겠어요, 애가 미친 것도 아니고' 라고 말한다. 그는 한숨을 내쉰다. 그는 국부용 연고를 처방하지만 아이가 스스로 머리를 뽑고 있는 거라면 소용이 없을 거라고 경고한다. 집으로 가는 차 안에서 엄마는 나에게 뭔가 확실히 잘못된 게 있다고 말한다. 우리 집안에 너무 많은 마귀들이 있다고, 내 안에 그리고 내 등에 너무 많은 마귀들이 붙어 있다고 한다.

　나는 열 네 살이고 의사가 필요하다.

　의사가 필요하다. 나는 누군가가, 무언가가, 도움이 필요하다. 매일 밤 꿈에 자동차 사고와 강간이 나온다. 모든 꿈은 내 몸이 길을 찾지 못하고 떠돌다 다다르는 막다른 골목이다. 더 이상 상상할 게 남아 있지 않기 때문에 몸은 매번 똑같은 고통과 진실을 말한다. 난 도움이 필요하다. 난 도움이 필요하다. 손목을 긋는 생각을 하고 있다. 누군가의 도움이 필요하다. 기도 소리는 더 커지고 더 자주 들리지만 늘 같은 수준으로 쓸모가 없다. 제발요, 의사가 필요해요. 절 도와주세요, 전 너무 슬퍼요. 도와주세요, 전 너무 혼자예요. 악몽은 내가 잠자기를 포기할 때가 돼서야 멈춘다. 도와주세요, 희망이 없고 텅 빈 것 같아요, 뭔가가 정말정말 잘못 됐어요. 진실을 고백하면 매번 더 많은 고통과 진실을 마주하게 된다. 절 도와주세요, 엄마. 절 도와주세요, 아빠. 전 의사가 필요해요. 기도 소리는 더 커지지만 슬픔은 그대로이다.

도와주세요. 누군가가 필요해요. 만약 하나님에게서 한 번이라도 돌봄을 받았다고 느낀 적이 있었다면 오히려 버려졌다고 느꼈을 것이다. 아직도 그를 믿을 수 있다면 얼마나 좋을까 생각한다. 제발, 저는 의사가 필요해요, 도와주세요.

도와주세요.

도와주세요, 목소리들이 들려요. 뭔가 보이기 시작했어요. 전 의사가 필요해요.

의사가 필요해요.

엄마는 마귀가 문제라고, 나에게 필요한 건 건강을 회복시켜줄

살풀이와 매주 성경 공부를 하는 것이라고 생각한다. 아버지는 이에 동의하지 않지만 왜 그런지는 설명하지 못하고 이 주제로 엄마와 싸우는 데 관심이 없다. 그는 그저 '애 좀 의사한테 데려가 봐'라고 말하고 모든 걸 아내에게 떠넘긴다. 그는 일하러 간다. 그는 집에 온다. 그는 일하러 간다. 그는 집에 오지 않는다.

아버지는 술을 마시고 숨는 법을 배웠다. 나는 온갖 것을 배우고 있다.

의사는 나에게 어떤 일들이 있었는지 묻고 나는 증상을 죽 나열한다. 그는 의심스러워하지만 메모장에 그것들을 착실하게 적는다. 환청. 생각이 멈추는 현상. 피해망상.

그가 충실한 만큼 나도 주목 받을 만한 심각한 증상을 인터넷에서 쥐 잡듯 찾고 있다. 극심한 감정 기복. 희망이 없다는 느낌과 자살충동. 질주하는 생각. 이들 중 몇 가지는 사실이 아니지만 나는 한 번 내뱉은 말을 도로 담는 방법을 모른다. 무기력하고 혼자인 기분으로 돌아가고 싶지 않다. 항정신성 약물을 처방 받을 때에도 나는 '감사합니다' 외에 아무 말도 하지 않는다. 그저 누군가가 나를 보고 있다는 데 감사하다. 약물이 나를 느려지게 하도록 놔둔다. 공책에 손을 대지 않은 채 몇 달이 지나간다.

나는 생각하지 않기 때문에 글을 쓰지 않는다. 느끼지 않기 때문에 생각하지 않는다. 이 시기에 대한 기억이 없다. 수년 뒤에야 사람들은 내가 당시에 어땠는지 말해줄 것이다.

치유에 대한 몇 가지 메모

누공 fistula \'fis(h)-chə-lə\

1. [명사] 신체 기관 사이의 비정상적인 연결.

   a. 피어싱 아티스트는 내 혀를 겸자로 붙잡고는 *와, 이건 그냥 뚫어 달라고 애원하는 수준이네* 라고 말한다. 불편한 기분은 겹겹이 쌓여 있고 설명하기 어렵다. 그의 고무장갑은 피부처럼 매끄럽다.

   　　그는 피어싱 관리에 대한 설명이 자세히 적힌 팸플릿을 건네주면서 윙크한다.♦

2. [명사] 신체 기관에서 몸의 표면으로 이어져 체액이나 분비물 교환이 가능하도록 외과적으로 만들어진 통로. *파이프 또는 홈*이라는 의미의 라틴어에서 옴.

a. 데이브가 우리 집에 왔을 때 나는 생리 중이고 자낙스 반 병을 먹은 상태였다. 나는 오지 말라고 말했지만, 그는 고집을 피웠다. 나는 오지 말라고 적어도 세 번은 말했지만 그는 결국 문을 두드리고 있고, 나는 전화기를 들고 울고만 있다. 밖에는 비가 오고 있고 나는 혼자 있고 싶다. 누군가가 나를 만지지 않는 상태에서 누군가와 가까이 있고 싶다. 이게 말이 될까. 나는 누군가가 나를 보지 않는 상태에서 보여지고 싶다. 이게 말이 되나. 나는 혼자이고 싶지만 혼자라고 느끼고 싶지는 않다. 이게 어떻게 말이 되나! 그는 그가 나의 친구라고 말한다. 이건 암호다. 밖에는 비가 오고 있고 그는 잔뜩 젖었다. 이것도 암호다. 나는 생리 중이고 그게 내가 기억하는 것의 대부분이다. 나는 생리 중이라고 말하고 그는 그러면 콘

♣ 〈초보자를 위한 바디 피어싱 가이드〉 중에서: "일단 피부에 구멍을 내고 액세서리를 삽입한 후에는 신체의 면역체계가 이물질 (예를 들어 믿음직한 14 게이지 크기의 신체 삽입용 티타늄 소재 고정식 구슬 링)에 반응할 것이다. 위와 같은 초기 과정을 거친 후, 부어오름, 붉어짐, 열감, 액체 분비 등 염증 증상이 나타나는 것은 모두 정상적이며 예상되는 반응이다. 치유 과정에서 몸은 상처 주위로 새로운 상피 세포와 작은 혈관을 생성해 액세서리에 순응하는 방식으로 조직의 터널을 만든다. 피부와 혈류의 이 네트워크를 누공fistula이라 부른다."

돔이 필요 없겠다고 말한다. 나는 등을 바닥에 대고 누워 있다. 나는 너무 지쳐 있다. 나는 자낙스를 반 병 먹었고 데이브는 한 시간 하고도 3년째 한 번만 하자고 구걸하고 있다. 그는 폭풍처럼 몰아친다. "너 얼마나 젖었는지 느껴져?" 그는 피범벅된 속을 찌르면서 말한다. 나는 이게 어떻게 시작되었는지 벌써 잊어버리고 있지만 이게 잘못된 일이란 건 안다.

b. 그 다음으로 남자가 나를 만질 때, 나는 내 것이 아닌 칼에 손을 뻗는다.◆

쪼개지다 splinter \'splin(t)ər\

1. [동사] 작고 뾰족한 파편으로 부서지거나 부서지게 하다; 대체로 갈등의 결과로 인해 작은 단위로 분리되다.

    a. 브라이언을 처음 만났을 때, 나는 그가 맥주를 몇 잔 마시면 말을 반복한다는 걸 눈치챈다. 특히 맥주 몇 잔과 코카인 몇 줄을 하고 난 후에. 어쩌면 강박적인 걸지도 모른

다. 그는 "나 숨쉬고 있어, 숨쉬고 있어."라고 말하곤 한다. 마치 몸과 의지가 곤란하게도 타성의 회로에 갇혀 서로 다른 길로 내달리고 있는 것처럼, 눈을 휘둥그레 뜨고 혼란에 빠진 상태로 몸을 앞뒤로 흔들며 "반복, 반복하는 걸 못 멈추겠어."라고 말한다. 그건 우리 엄마가 기도할 때와 비슷하다. 이 문제가 어쩌면 신경학적인 것일지도 모른다는 생각에 두려워진다.♣♣ 내 두려움은 어쩌면 강박적인 것이다.

b. 나의 약 딜러인 로니는 몇십 년 전 자동차 사고에서 비장이 파열되고도 살아남았다고 말하지만, 내가 하려는 이

♣ 곪다fester 참고.
♣♣ 몇 년 전 특이한 뇌수종 환자에 대한 뉴스 보도가 있었다. 프랑스의 한 공무원이 병원에 갔는데 CT 스캔을 해보니 그의 뇌에는 충격적일 정도로 회백질이 부재하고, 과도한 양의 뇌수와 그로 인한 두개내압으로 인해 회백질이 압축되고 소모되었음이 밝혀진다. 그의 뇌는 마치 차가운 손길을 피하듯이 두개골 벽에 밀착되어 있다. 그는 마흔 네 살이며, 평균 또는 그보다 약간 낮은 지적 능력을 가지고 있다. 이름이 공개되지는 않은 그는 두 아이의 아버지이다. 처음에 의사들은 그의 수행 능력에 당혹스러워하지만, 나중에는 유연성을 이 현상의 원인으로 지목한다. 청각장애인이 점차 다른 감각을 발달하게 되는 것처럼, 약시가 시력이 약한 눈의 쌍둥이인 반대편 눈에 어두운 안대를 착용하는 것을 통해 고쳐지는 것처럼, 이 익명의 환자는 계속해서 반쪽짜리 뇌로 말하고, 자동차를 운전하고, 공무원으로서의 업무를 수행했다. 그의

야기는 이게 아니다. 엑스레이를 찍고 또 찍었음에도 의사들은 그녀의 팔꿈치에 박힌 유리 조각을 발견하지 못한다. 그래서 그녀가 회복하면서 근육들은 늘어나고 포개어져 자동차 앞유리 조각을 선물처럼 감싸고, 다음 번 엑스레이를 찍을 때가 되어서야 그 조각이 발견된다. 어디서 이 기념품을 얻게 되었는지 기억하는 데는 시간이 걸린다. 로니에 따르면 그는 이 유리 조각을 첫 임신 중절 시술할 때, 처음으로 약을 과다복용했던 때, 그리고 첫 번째이자 기필코 마지막일 결혼을 지나는 동안 데리고 있었다고 한다. 엑스레이는 그녀의 남자친구가 신고 있던 강철로 코를 덧댄 부츠가 남긴 미세한 골절상도 드러내지만, 이것도 내가 하려는 이야기는 아니다.❖ 로니의 몸은 유리 조각을 에둘러 싸는 방법을 터득해왔다. 그녀의 혀가 '*어떤 남자도 믿지 말아라*trust no man❖❖'라는 말

전두엽은 거리를 가늠하는 법을, 소뇌는 슈퍼마켓에서 잔돈 세는 법을 배우면서 말이다. 그를 연구한 의사들에게 이 남자와 그의 가족들은 결국 어떻게 되었는지, 뇌의 반이 없을 때 일어날 수 있는 일들, 뇌의 반이 없는 사람과 사랑에 빠지고 그와 삶을 꾸려나가면서 생길 수 있는 일들에 대해 물어볼 수 있다면 좋겠다.

로 no라는 단어를 에둘러치는 방법을 배워왔듯이.

c. 섹스를 할 때, 때때로 브라이언은 뭔가 끔찍한 일이 일어났던 건지 가늠하는 것처럼 나를 바라본다. 그가 물어볼 때 나는 대답할 수 없다. 내 몸은 총체적인 의식 없이 각각의 조각들로 부서진다. 또는 내 몸은 부위마다 별개의 의식을 가지고 있다. 팔, 다리, 가슴, 모두 각자 느끼고 느껴진다.✢✢✢ 이것은 내 몸이 스스로를 기억하며 느끼는 고통이다.✢✢✢✢ 그는 나에게 괜찮냐고 묻고, 나는 말한다. 모르겠어, 모르겠어, 모르겠어.

쇄골 clavicle \ˈklavək(ə)l\

1. [명사] 척추동물의 흉대를 구성하는 뼈 중 하나. 대체로 복장뼈와 어깨뼈를 잇는 역할을 하며, collarbone이라고도 불

✢ 당시의 나는 모르지만, 나는 다음해가 되면 모든 약물과 술을 끊을 것이다.
✢✢ **과다한 경계심** 참고.
✢✢✢ **끊어진 회로** 참고. **댐으로 막힌 강** 참고. **지나치게 많은 솔기**seam 참고.
✢✢✢✢ **트라우마** 참고.

린다. '작은 열쇠'를 의미하는 라틴어 *clavicula*에서 옴.

a. 엄마가 내 일기장 자물쇠를 딴다. 모든 사람들에게 *이 아이에게는 예수님이 필요해요*라고 이야기한다. 내가 집에 올 때마다 주머니와 가방을 뒤진다. *이 아이에게는 예수님이 필요해요*. 옷장 서랍 안에서 대마초를 발견하지만 진통제는 찾지 못한다. 엄마가 너무 세게 낚아챈 손목에 보라색 줄무늬가 생긴다. 나는 손목을 도로 홱 잡아당기고 그 순간 엄마 안에 있는 무언가가 부서진다. 엄마는 *이 아이에게는 예수님이 필요해요*라고 울부짖는다. 무릎을 꿇고 내 이마 위로 손뼉을 치며 방언을, 엄마가 '축복받은 언어'라 부르는 알 수 없는 말을 쏟아낸다.♣

b. 1986년, 여름: 엄마는 서울에서 버스를 타고 집에 가는 중이다. 네모나게 구분된 자리에 심긴 나무로부터 눈부

♣ 개신교는 한국에서 일제강점기(1910-1945)에 국수주의적 저항 방식 중 하나로 번창했다. 서양 선교사들이 세운 교회는, 한국어를 금지시키고 신도교와 일본 황제를 신으로 섬기도록 강요한 일제의 동화정책으로부터 한국인들이 몸을 숨길 수 있는 흔치 않은 장소가 되었다. 이로서 한국 문화의 보존과 서구 종교 간의 모순적 관계가 생겨났다.

해방과 분단 이후, 소련의 영향으로 북한에서 종교적 자유에 대한 탄압이

시게 흰 꽃잎이 비 내리듯 떨어지고, 가슴 깊숙이에서는 불확실한 미래의 무게가 묵직하게 느껴진다. 엄마는 매일 타이피스트의 목적, 자신의 대학 학위의 목적, 1986년을 살아가는 여성의 목적을 곰곰이 생각하며 퇴근한다. 미래는 기약 없이, 새벽처럼 흐릿하게 드리워져 있다. 엄마는 졸업과 살림을 차리는 것 사이, 야망과 전통 사이를 부유하고 있다. 할아버지는 맞선 상대를 고르는 중이다. 엄마가 추후 5년 안에 남편을 얻게 될 것이라고 약속한다. 엄마는 결혼 준비를 위해 몇 가지 미용 목적 시술을 받을 것이다. 서구적 미의 기준에 따라 눈꺼풀에 주름을 더하고, 한국인들 사이에서는 흔한 숱 적은 눈썹을 짙게 문신할 것이다.

버스가 교차로를 지날 때 엄마는 파란색 비닐 좌석

거세지자 기독교인들은 남한으로 도망쳐왔다. 이는 인구 구성에 큰 변화를 가져왔다. 과거에는 기독교의 근거지였던 북쪽에 텅 빈 교회들이 남았고 남쪽에는 기독교인들이 불어났다. 의미에도 변화가 있었다. 서양의 종교가 한국적 본질로 재구성되고, 한국의 국가주의는 반공주의로 재번역되었다.

이 역사는 어머니의 사랑과 그것에 대한 나의 이해 사이에 생긴 균열에 쐐기처럼 박혀 있다.

위에 뻣뻣하게 앉아 있다. 보도에 타이어가 쓸리는 냉랭한 소리가 들린다. 모든 일은 빠르게 일어난다. 모든 게 앞으로 쏠리자 엄마는 머리 위에 달린 손잡이를 잡는다. 엄마는 충돌의 한복판에 매달린 물체이다. 관성에 의해 발생한 부수적 피해이다. 버스의 난간이 뚝, 부러진다. 요동치는 철골의 음악에 따라, 엄마의 쇄골도 부러진다. 복합 골절. 엄마는 이 이야기를 몇 번이고 스스로에게 되풀이 할 것이다. 나중에 기억나는 것은 통증이 아니다. 평생 이름 모를 사람들이 옆에서 죽어가고 있다. 뼈는 부러지면서 가능성을 노래한다. 그녀는 이 느낌을 하나님 그리고 구세주라고 이름 붙인다. 엄마는 이 이야기를 몇 번이고 되풀이할 것이다. 목사님, 하나님 아버지 같은 목사님에게도 몇 번이고 전할 것이다. 엄마는 그리스도의 손 안에서, 신도들의 팔 안에서 보호받은 위태로움의 복합체이다. 엄마는 이 이야기를 몇 번이고 되풀이할 것이다. 엄마는 개종의 황홀경 속에 부유하고 있다.♣

♣ 오늘날에도, 엄마는 어려움을 마주하거나 신앙심이 유약해지는 시기에 퉁퉁한 손가락으로 쇄골의 우묵하게 파인 부분을 눌러보곤 한다. 오늘날에도, 엄마는 내가 나 자신만의 교통사고를 경험하기를 고대하고 있다고 말한다.

c. 1986년, 여름: 아버지는 몇 킬로미터 떨어진 서울의 다른 지역에서 지하철에 올라타고 있다. 그의 셔츠와 넥타이는 잔뜩 구겨져 있고 그는 그 정도 연봉을 받는 사람치고 라면을 자주 먹는다. 동료들은 아직 총각인, 옷을 빳빳하게 다려줄 아내가 없는 그에게 핀잔을 준다.

d. 2014년, 여름: 엄마는 한 번도 아이를 원한 적이 없다고 말한다. 그럼 무엇을 원했냐고 묻자 다시 버스 충돌 사고 이야기를 꺼낸다. 나는 스물 네 살이고, 그때 엄마의 사전에는 '동의'라는 단어가 한번도 새겨진 적이 없다는 걸 깨닫는다.

가시 splinter \'splin(t)ər\

2. [명사] 작은 바늘같은 조각, 특히 피부에 박힌 것.

a. 나는 브라이언의 손을 조명 아래에서 살핀다. 두꺼운, 소용돌이 무늬의 첫 번째 피부층 아래 파묻혀 있는 짙은 색 점을 건드린다.♦ 뾰족한 고통. 소독약 냄새. 찬물같은 안

도감.** 그는 움찔하지만 손을 잡아당기진 않는다.*** 몸이 하는 일은 이상하다. 그리고 반응하는 것도. 이상하게도, 개입이라는 게 없다면 그의 몸은 가시를 위협으로 인식해 면역 반응을 활성화시킬 테고, 피부는 체액과 압력으로 불룩해질 것이다. 이 모든 건 침입한 물체를 며칠 후 밀어내기 위해서다.**** 이상하다, 브라이언의 손이 내 다리를 스칠 때 내 피부가 더 보드랍게 느껴진다는 건. 마치 그의 손길이 내 피부를 따라 숨쉬기 전에는 내 몸의 부드러움을 몰랐던 것처럼.

 몸이 반응하는 방식은 이상하다. 이상한 점은, 이물질을 제거하는 일이 감염 위험을 수반한다는 거다. 이상하게도, 개입이 없었다면 환부는 어렴풋이 계속 욱신거릴 것이라는 점이다.

♣ 가시가 박혔다는 것을 눌러보기 전에는 느끼지 못했을 만큼 억센 피부. 너무 억세서 집게로 꼬집어 공기 중으로 상처를 드러내자 욱신거리는 피부. 물에 묻으면 반투명한 우윳빛이 되는. 직장에서 몇 시간 동안 볶고 굽는 일을 한 후에는 갓 구워낸 빵처럼 우둘투둘하고 따뜻한.
♣♣ **부르르 떨다** 참고.
♣♣♣ 내가 보드라움이라는 본능을 다시 배우고 있는 방식과 같다.
♣♣♣♣ 이 과정은 **거부반응**이라 불린다.

혹 nodule\ˈnäjōol\

1. [명사] 주변부와는 다른 작고 동그란 물질 덩어리.

   a. 브라이언은 공공장소에서 절대 상의를 벗지 않는다. 바닷가에 놀러가는 상상을 하는 것만으로도 주춤한다. 불이 켜져 있을 때 자신을 쳐다보지 말라고 할 때도 있다.

   그의 왼쪽 가슴은 오른쪽보다 납작하다. 왼쪽 젖꼭지는 더 작고, 표면은 꽤 오목하다. 그림자가 생기기 딱 좋을 정도의 빈 공간이다. 그는 슬플 때 이에 대해 이야기한다. 모든 걸 다 해봤다고. 상상할 수 있는 모든 방식의 운동을, 있는 힘을 다해 반복해서. 오른쪽은 근육이 커지지만, 왼쪽은 변하지 않았다. 그쪽은 그냥 아무것도 없다. 그는 무언가 있어야 할 게 없는 거라고 말한다. 그건 언제나 없었다.♣

   그는 내가 슬퍼할 때 이 이야기를 한다. 그는 내가 거울을 보며 예전에는 몰랐던 혐오스러운 것들을 찾아내는

♣ **대흉근** 또는 무언가. 어쩌면 브라이언의 엄마가 흡연자였거나, 칵테일을 좋아했거나, 연구 결과가 아직은 나오지 않았거나, 그런 무언가.

모습을 지켜볼 것이다. 그는 무언가가 충분치 않다는 기분을 알기 때문에 자신의 가슴에서 살짝 들어간 부분을 톡 건드릴 것이다.

b. 치과의사는 나의 오른쪽 턱에 있는 두 번째 어금니를 건드린다. 그녀는 "거대하네요."라고 말한다. 보조원은 작은 소리로 웃는다. "와, 이것 좀 보세요." 그것은 왼편 같은 위치에 있는 어금니보다 3mm 더 넓고, 2mm 더 길다. 나는 이것이 얼마나 특이한 일이냐고 묻는다. 그녀는 의학적으로는 우려될 게 없다고 말한다. 내가 질문한 건 그게 아니다.

나는 오른쪽 가슴을 왼쪽 가슴과 비교한다. 둘은 똑같아 보인다. 내 오른손을 왼손과 견준다. 똑같아 보인다. 이로써 오는 안도감은 동시에 불편하기도 하다.♣♣ 치아 하나가 비정상으로 분류되는 건 작은 핀 위에 벽돌을

♣♣ 줄리 앤드류스Julie Andrews는 쉰 목소리의 원인이라 진단된 (암과 연관성이 있을지도 모르는) 혹 때문에 1997년 〈빅터/빅토리아〉의 브로드웨이 공연을 그만두도록 요구받았다. 10년 뒤, 그녀는 혹들은 존재한 적이 없었다는 걸 알게 되었다. 공연을 준비하며 쌓인 피로 때문에 후두에 주름이 잡힌 것이었다. 남성을 연기하는 여성 역할을 하는 데서 오는 긴장감, 음역대를 마구 오르내리는 행위가 오늘날에는 가는 줄striations이라고 부르는 것을 발생시킨 것이다.

올려놓은 것처럼 느껴진다. 치과의사 경력 20년만에 나타난 하나의 괴물.

그러면 내 신장은, 난소는, 폐는, 림프절은, 갈비뼈는, 그리고, 그리고 또. 또 다른 것을 찾을 때까지 나는 거울에 비친 내 모습을 바라본다.

비대칭으로 덮인 외꺼풀은 마치 누군가가 시선을 다른 곳에 두고 커튼을 닫은 것 같다.

콧구멍은 비뚤게 벌어졌다.

내 왼쪽 귀와 오른쪽 귀는 2.5cm 정도 크기가 다르다.

이런 흠은 서랍을 활짝, 너무 서둘러 연 것처럼 쏟아져 내린다.

2. [명사] 식물의 뿌리가 부풀어오른 부분. *작은 매듭*을 뜻하는 라틴어에서 옴.

a. 브라이언이 세 번째로 프로포즈하던 때, 그는 커다란 미소와 튀어나온 눈을 손으로 가리고 좌우로 몸을 흔들고 그녀의 목소리는 돌아오지 않았다. 법적 고소가 있었고, 의사는 있지 않았던 것을 제거하여 실제로 있었던 것을 파괴했다. 따라서 가장 작은 것들이 때로는 가장 큰 일로 이어질 수 있다. 특히 의사의 진료실에서는 말이다.

있다. 그는 뭉개진 발음으로 "그냥 나랑 결혼하지 그래."라고 말하지만 나는 코카인과 술을 너무 많이 했기 때문에 웃어넘긴다. 그가 제안은 했지만 물어보지는 않았기 때문에 웃어넘긴다.

나는 아직 모르지만, 그는 실망감으로 욱신거리고 있다. 나는 아직 모르지만, 그는 내가 거절할까 봐 두려워하고 있고 나는 그가 그냥 취한 것 같아서 두렵다.

아직은 내 자신이 알지 못하고 있지만 나는 그에게 좋다고 말하고 싶고, 우리 둘 다 이렇게 제정신이 아닌 상태에서는 이해할 수 없는 이유들이 있다.♣ 내가 웃으면서 *씨발 진심이야?* 라고 말하자 그는 *진짠 줄 알았어?* 라고 하고 우리는 코카인을 한 줄 더 들이마시지만 약간 잠잠해진다. 그는 눈을 감고 침대에 누워 움찔거리고 부르르 떤다.

♣ 이 이유들은 내가 12단계 모임, 지지 모임, 상담치료에 스스로 끌고 가고, 나를 강간한 사람의 전화번호를 지우고 다시 학교에 다니기 시작하고, 악몽에서 깨어 떨고 있을 때 브라이언이 나를 안고 "나 여기 있어.", "어디 안 가." 그리고 "약속이야."라고 말하면서야 천천히 피어나고 명확하게 드러날 것이다. 그가 나에게 하지 않은 일들에 대해 **미안해**라고 말할 때마다.

마치 우리가 벼랑 끝에서 아슬아슬하게 돌고 있는 것처럼 느껴진다. 이 기억의 유일한 끄트머리에 있는 건 내 몸에 기대어있는 그의 몸의 경계선이다. 그 외에 다른 기억들까지 붙잡고 있기엔 너무 아프니까, 이런 이유 때문에 우리는 어떻게 그걸 알 수 있는지 아직 모르니까.

나는 그를 만지려고 손을 뻗고 있다. 내가 이해하는 유일한 방식으로 내 몸과 그의 몸이 살아내고 있는 경험을 진짜로 느껴지게 하는 그 경계선을 찾기 위해.

"정말로 날 사랑해?" 나는 묻는다.

"응."

"왜 사랑하는데?"

"몰라. 그냥 그런 거 같아."

나는 그에게 몸을 맞대며 웅크리고 그의 왼쪽 가슴은 내 볼을 맞이한다. 내 얼굴이 만드는 곡선을, 굶주렸다는 듯이 맞이한다.

출판사에 보내는
······· 편지 #37

최근에 생각해 봤는데요. 이 책의 마무리 부분을 쓰는 게 이렇게 힘든 이유는 아마 제가 "회복되었"거나 심지어는 "회복되는 중"이라고도 느껴지지 않아서 그런 것 같아요. 저에겐 아직도 외상 후 스트레스 장애가 있고, 문제에 시달리고 있고, 공공장소를 다닐 때 [ ]를 본 것 같아서 등 뒤를 다시 돌아보곤 해요. 저는 여전히 방어적이고 모든 사람에게 불친절해요. 자연스러운 결론은 깊이 있는 사유에서 나올 테고 그게 저와 이 책에게서 기대하는 거겠지만 저는 간단히 말해 그런 사색 비슷한 것조차 내드릴 수 없어요. 여러 가지 새로운 '도구와 대처하는 기술'을 갖게 됐지만 저는 여전히 그 사람을 만나기 전과 만나는 동안의 저, 그러니까 정신병에 걸린 쓰레기 같은 인간, 상담이나 약물치료를 받을 돈이 없고 인생을 망친 인간이에요. 여러 의미에서 저는 여전히 빈대 에세이 결론부에 등장하는 저와 똑같아요. 문제는 계속 나타났다가 잠잠해지길 반복하고 저는 그걸 억제해보려고 하지만 때때로 엉망이 될 것이라는 게 분명해요. 그냥 브라이언의 손을 잡고 그 궤적을 쳐다보면서 어떻게든 해나갈 수 있기를 희미하게 바라는 거예요. 이건 사람들이 바라는 이야기가 아니기 때문에 누군가를 실망시키는 것 같다는 끔찍한 기분이 들어요. 대체로 암울하고 빙빙 돌고 딱히 전개랄 것도 없으니까요. 사람들은 모든 이가 회복되기를 바라는 것 같은데, 장기간에 걸쳐 천천히 진행되는 이야기는 가치 있는 깨달음으로 보이지 않는 것 같아요.

WHAT
THIS
DO

T'S

BITCH

ING

―

때로는 무엇이 필요한지는 모르지만, 뭔가가 필요하다는 느낌이 지속적으로 아프게 따라다닌다. 아빠와의 문제를 탓해라. 엄마와의 문제를 탓해라. 부적절한 관계에서 그 다음 관계로 튀어나가라. 뭔가가 필요하다는 느낌은 항상 뱃속 깊은 곳의 통증으로 온다. 당신은 언제나 울고 있다. 당신은 아무한테나 편지를 쓰고 있다. *제가 뭘 찾고 있는지 모르겠지만, 너무 외로워요*라고 광고에 쓴다. 모르는 남자들의 메시지로 가득찬 수신함에서 상담치료사를 찾는다.

답장 하나에는 그저 이렇게 쓰여 있다: *존나 박히고 싶은가 보네.*

내가 할 수 있는 최선

I. 자동차 보험

나는 크렉스리스트의 외로운 남성들에게 나 또한 외롭다고 말한다. 안녕하세요, 크렉스리스트의 '정신적인 교감만' 게시판 여러분. 저는 스물세 살입니다. 약물 문제가 있지만 지금은 안 하고 있어요. 섭식장애가 있지만 그냥 뭐 그렇다구요. 제가 충동적으로 섹스를 찾는다고 말할 수도 있겠네요. 정신줄을 놓지 않으려고 노력하고 있지만 전화를 걸 번호가 떨어지고 있어요. 저는 당신의 친구가 되고 싶어요. 당신의 엄마가 되고 싶어요. 당신이 내 것이어야만 해요. 당신을 이미 사랑해요. 당신 얘기를 해줘요.

응답으로 받은 오십여 개의 이메일 중에 냉정하고 신랄한 유머감각이 돋보이는 답장 하나가 있다.

지난 여름에, 미친듯한 폭염 속에서 출근을 하는데 길이 꽉 막혀 있었습니다. 그래서 90번 고속도로 요금정산소에서 앞사람 차를 들이받았습니다.

보험이 빵빵하거든요.

II. 악어새

이집트물떼새$^{Pluvianus\ aegyptius}$는 악어물떼새^{Pluvianus} 과에 속하는 유일한 종이다. 길고 가느다란 다리와 눈에 띄는 화려한 깃털을 가진 섭금류로, 사하라 사막 남쪽의 열대 아프리카 지역에 서식하고 나일강의 모래톱에서 짝짓기를 한다.

    이 새는 *악어새*라는 잘못된 이름으로도 알려져 있다.

III. 파히타 Fajitas

폴리는 사진 속 모습과는 완전히 딴판이다.

    사진 속에서 그는 야구 방망이를 뒤로 젖히고 있다. 더위 속에서 눈을 찌푸리고 있고 모래가 주위에서 흩날리고 있다. 그는 말랐지만, 팔과 목에 근육이 탄탄하다. 햇살은 그의 흉터를 모두 빛으로 감싼다.

    골프 로드에 있는 마게리타 레스토랑의 주차장에서, 복숭앗빛 가짜 아도비 벽 그늘에서 그를 보니, 그 사진은 적어도 10년도 더 된 게 분명하다. 폴리는 〈범죄자 Criminal〉 뮤직비디오 속의 피오나 애플 Fiona Apple처럼 깡말랐지만, 183cm이고 여드름 자국이 심하다. 그의 눈은 난폭하다. 어딘가 무서운 느낌이다. 둔탁하게 움직이는 몸짓과 자세가 어쩐지 비겁하면서도 위협적으로 보인다.

그건 날 두렵게 한다. 그리고 그는 내가 두려워하고 있다는 걸 알아챘다.

"성, 성 맞죠? 나예요, 폴리. 나 때문에 놀랐어요?"

그는 상처받은 눈을 하고 있다. 눈길을 한 번도 피하지 않지만 그의 눈빛에 산뜻하고 편안함을 주는 친밀감이라고는 하나도 없다. 그를 바라보고 있으면 무언가가 바람에 따라 이리저리 나부끼는 걸 보고 있는 것 같다. 그는 자신이 사진과 완전히 딴판이라는 걸 아는 것처럼 나를 바라본다. 내가 저녁을 먹고 가기를 바라지만 기대하지는 않는 것처럼. 쓸쓸하고 나를 좋아하는 것처럼.

그를 보고 있으면 나는 얇아지고 있는 머리칼이나 내 몸무게나 신경성 틱에 대해 의식하지 않게 된다.

IV. 이빨

악어는 척추동물 중에서 가장 산성이 높은 위장을 가지고 있다. 악어는 뼈, 발굽, 그리고 뿔을 쉽게 소화한다. 놀라울 정도로 신진대사율이 낮은 포식자인 악어는 먹잇감이 가까이 올 때까지 몇 시간, 심지어는 며칠 동안 기다릴 수 있고, 때가 무르익었을 때 습격을 감행한다. 악어의 식단은 크기와 나이에 따라 달라지지만, 대부분 물고기, 양서류, 파충류, 포유류, 그리고 조류로 구성된다. 때로는 더 작은 악어를 먹기도 한다.

악어의 턱은 엄청난 위력을 가졌다. 모든 동물을 통틀어 가장 힘 센 턱으로 사물을 물어뜯는다. 악어 이빨은 살집을 찢는 데 적합하지 않지만, 턱의 맹렬한 힘 덕분에 물고 붙잡는 데 뛰어나다. 상어의 이빨처럼 날카로운 이빨은 먹잇감으로 잡은 동물들의 사지를 쉽게 잘라, 먹잇감이 도망칠 가능성이 생긴다. 악어의 뭉툭하고 듬성듬성한 이빨은 먹잇감을 놓치지 않고 통째로 삼킬 수 있게 한다.

먹잇감을 가두는 것, 이것이 악어의 방식이다.

V. 개구리 끓이기

속았다는 기분이 드는 지점은 없다. 나는 너무나 서서히 데워지는 중인 물 속에 들어 있어 자신이 익어가는 줄도 모르는 개구리가 아니다. 나는 의식적으로 이해관계를 재고, 가스레인지를 꼼꼼히 살폈으며, 폴리를 위해 장을 보고, 그의 집을 청소하고, 위스키와 물을 섞은 칵테일을 따르고, 그가 나를 따먹게 놔두는 게 바깥세상에 있는 것보다는 낫다고 결정했다. 나는 거울 속의 내 모습을 평가하고, 숱이 적고 더러운 머리카락을 빗어넘기고, 산 acid 성분에 쪼그라든 잇몸에서 피를 짜낸 후 자신 있게 결정했다. *이게 내가 할 수 있는 최선이다.*

그의 줄기찬 폭언이 나를 하루 종일 신경질적으로 안절부절못하게 만들고, 계산대 직원이 뭔가 잘못된 걸 눈치챌 거 같다고 걱정하게 만들더라도. 그가 내 외모를 헐뜯고 가발 없이는 집 밖에 나서지 못하게 하더라도. 그가 내 친구들을 미묘하게 비난하는 방식으로 관계를 손상시켜서 내가 다른 사람과 친밀하게 지내는 걸 방해하더라도. 그에게 매주 이틀은 외박하고 가는 '친구'가 있고 그 기간에는 내가 그의 집에 드나들 수 없더라도.

그는 항상, 완전히 서슴없이 거짓말을 한다. 그가 거짓말 하고 있다는 걸 내가 드러내면 그는 내 면전에 대놓고 웃는다. 손가락이나 페니스에 피가 묻은 걸 볼 때도 웃는다. "저런. 애기야, 씻어야겠네."라고 말한다.

나는 참을 수 있다고 스스로에게 말한다.

이 모든 건 아프고 어쩌면 날 두렵게 한다. 하지만 아무것도 나를 놀라게 하지 않는다. 그는 내가 크렉스리스트에서 만난 마흔 여섯 살 남성이다. 치료받지 않은 외상 후 스트레스 장애가 있는 걸프전 참전군인이다. 끝장나게 폭음하는 술꾼. 반성 없는 인종주의자 겸 여성혐오주의자. 나는 이 모든 걸 알고 있다. 그는 그걸 숨기려 하지도 않는다. 그의 가학적인 폭언, 나를 상처 입히는 자기중심주의, 그가 나를 지배하려 드는 방식들, 모든 건 이런 남자에게서 내가 정확히 예측할 수 있을 만한 것들이다.

나는 내가 이런 취급을 받아 마땅하다고 생각하는지도 모른다.

그냥 궁금한 건지도 모른다.

내가 그를 도울 수 있다고 스스로에게 말하고 있는지도 모른다.

그와 함께 보낸 첫날 밤, 그는 이상한 소리가 들린다는 이유로 부엌 서랍에서 커다란 단도를 꺼내 자객처럼 절도 있는 동작으로 바깥에 걸어나간다. 친구에게 이 이야기를 하면서 나는 웃는다. 그 으스스한 터무니없음에. 위험 때문에.

"세상에." 친구는 말한다.

"그러니까." 나는 말한다.

나는 영문도 모르는 개구리가 아니다. 나는 개구리의 미끌거리는 피부를 찌르는 독일 생리학자 프리드리히 골츠Friedrich Goltz이다. 나는 개구리를 칼로 가르고, 찌르고, 내장을 떠내 비우고, 주전자에 넣고 끓여, 무엇이 남았는지 보고 있다. 나는 영혼의 구조를 찾고 있다. 내가 발견하는 것은 은유이다.

VI. 악어물떼새

이집트물떼새는 잘못 구분할 여지가 없는 외모를 가지고 있다. 그것의 날개와 길고 가냘픈 다리는 흐린 하늘처럼 회색빛을 띤 푸른색이다. 가슴은 밝은 주황색이다. 눈과 머리 주위에는 까만 무늬가 있어, 마치 작은 도적 같다. 이 새는 겨울의 해돋이, 빛바랜 수채화처럼 보인다. 우아하지만 우둔한. 타원형이지만 정밀한.

이집트물떼새는 잘못 구분할 여지가 없는 외모를 가지고 있지만 대부분의 사람들은 그것이 어떻게 생겼는지 모른다.

이집트물떼새는 악어물떼새 과에 속하는 유일한 종이다.

VII. 두 종류의 여자

하루는 폴리가 나에게 말한다. "여자는 두 종류가 있어. 하나는 아기처럼 다뤄지길 원하고 다른 하나는 맞고 싶어하지." 그가 나를 둘 중 어느 쪽이라고 생각하는지 맞춰보라.

일주일에 이틀, 나는 폴리네에 갈 수 없다. 폴리는 그냥 나에게서 떨어져 있는 시간이 필요하다고 했지만, 나는 침대에서 동물 인형을 발견한다. 나는 폴리가 결혼을 했었거나, 애가 있는지 생각하기 시작한다. 나는 "아이가 있는 거라면 괜찮은데."라고 말한다. 그는 웃는다. 나는 더 진지해진다. 그는 말한다. "내 친구 칼리가 놀러왔을 뿐이야, 별거 아니니까 잔소리하지 마."

그는 다른 사람을 만나고 있다고 시인하는 말을 꼭 시인하는 게 아닌 것처럼 내뱉는다. 그가 나에게 말하는 방식을 보면, 첫째 내가 이런 질문을 한다는 것 자체가, 둘째 내가 아직까지 이런 사실들을 모른다는 게 진부하고 지루하다는 식이다.

나를 설명하자면 여러 가지 수식어를 쓸 수 있지만, 난 멍청하진 않다. 나는 바보 취급을 받으면 금방 짜증이 난다.

그는 술에 취해 소리를 지른다.

나는 뒷걸음질친다. 부글부글 끓는다.

폴리는 권위주의를 빼면 아무것도 없는 인간이고 나는 기본적으로 권위를 혐오한다. *야, 정신 차려. 펑크락은 이미 들어 봤으니까 나한테 성질 부리지 말라고.*

나는 참을 수 있다고 스스로에게 말한다.

폴리가 더 소리 지르고, 나를 조종하고, 규칙을 세울 때마다 나는 점점 더 그의 행동이 비합리적이라는 걸 드러낸다. 나는 그의 물건들을 들춰본다. 그가 해병대 시절 물건을 담아두는 소파 뒤에 있는 함을 굳이 열어본다. 폴리가 실종되었을 때 그의 어머니가 상사들에게 썼던 다급한 편지를 읽는다. 둥글둥글한 학교 선생님 필기체인 그녀의 글자 위로 손가락을 훑는다. 나는 그의 서류와 사진들을 엉망진창으로 만들어, 내가 여기 있었다는 흔적을 남긴다.

집에 온 그는 화내지 않는다. 그는 이렇게 나를 혼란스럽게 한다. 언제나 이상한 일들에, 가장 화낼 이유가 없는 일들에 화를 냈다. 이번처럼 정말로 큰 일에 대해서는, 그저 눈을 찌푸리고 나를 이상하게 바라볼 뿐이다.

그는 말한다. "나는 니가 이런 거에 왜 관심을 갖는지 모르겠어."

칼리는 동물 인형을 또, 아마 열 번째로 두고 갔다. 이번에는 인형 다섯 개를 베개 위에 하나하나 늘어놓아 독특한 장면을 연출했을 뿐만 아니라 하나는 이불을 덮어주고 갔다. 내가 잠자는 쪽에. 또는, 아마 높은 확률로 그녀가 잠자는 쪽에.

'수'를 둔 것처럼 느껴진다. 그녀는 자신의 존재를 알리고 있다.

이건 이제 게임처럼 느껴지기 시작한다. 마치 우리가 초자연적 미스터리에 연루되어 있고 화장실 거울에 서린 김에 메시지를 남기는 식으로 서로 대화해야 하는 것처럼.

나는 그녀의 길고 헝클어진 금발 머리카락을 폴리의 머리

빗, 베개, 그의 비누에서 떼어낸다. 그리고 유모차에서 웃고 있는 내 사진을 가지고 와 TV 위에 건다. 할머니가 찍어 주신, 네 살 생일에 빨간 벨벳 드레스를 입고 있는 사진도 가져온다. 셔터를 누르기 전에 그 드레스의 부드러운 안감이 내 몸 위로 속삭이던 것을, 할머니의 주름진 손이 내 머리칼에 활짝 핀 장미 두 송이를 땋아 넣었던 것을 아직도 기억한다. 나는 이 사진을 칼리가 볼 수밖에 없는 자리에, 폴리의 침대 옆 테이블에 놓는다. 상호 의존자들 사이의 모스 암호.

나는 집 안을 둘러보며 그녀의 흔적을 더 찾아본다. 부엌에서 세서미 스트리트Sesame street♣ 빨대컵을 발견한다. 이상하다. 아래층 화장실 세면대 아래에서는 불이 들어오는 칫솔을 찾아낸다.

나는 폴리에게 내가 모르는 아이들이 있을 것이라고 생각하기로 한다. 나는 칼리가 몇 살인지, 그리고 폴리가 혹시 이혼했었거나 어쩌면 아직도 서류상으로는 결혼한 상태이고 그래서 나에게 아무것도 말해주지 않는 건지 의심하기 시작한다. 이런 상황이어도 괜찮을 만한 이유를 만들어내기 시작한다. 그는 많은 일을 겪었다. 나를 잃게 될까 봐 두려워하고 있을 거다. 나는 너무

♣ 세서미 스트리트: 미국의 유아용 TV 프로그램_역주

어리고 그는 그만의 온정주의적이고 빗나간 방식으로 나를 보호하고 싶어한다. 됐다.

그런데 나는 상의를 발견한다. 여성용 라지 사이즈. 스포츠 브라. B컵. T팬티.

그 다음에는 작은 분홍색 고무 젖꼭지를 찾는다. 엇갈리는 신호들.

그 다음에는 폴리의 옷장 뒤쪽에서 성인용 기저귀 한 묶음을 발견한다.

이렇게 말도 안 되는 일에 속상해 하는 것도 난감한 일이지만 난 속상하다. 그리고 또 다시, 폴리는 밋밋하게 반응한다. *별일도 아닌 걸 가지고, 수준이다. 어, 나는 내가 면도해주고 목욕시키고 기저귀를 채우는 어른애기 여자친구가 있는데 우리는 서로 사랑하고 그녀는 내 친구야, 신경 쓰지 좀 마, 수준의.*

응, 걔가 사정하게 하려고 면도해주고 목욕시키고 기저귀를 채워 주지만 우리는 성적인 걸 하는 게 아니야.

어느 날 그의 집에서 운전해 나오는 길에 칼리의 긴 금발 머리카락이 내 셔츠에 봉합실처럼 엮여 있는 걸 발견한다. 그녀로부터 도망칠 수 없을 것만 같다.

VIII. 사랑의 언어로서의 두려움

나는 영문도 모르는 개구리가 아니다. 나는 곤경에 빠진 아가씨가 아니다. 나는 마조히스트가 아니다.

나는 칼리에 대해 점점 더 많이 물어본다. 그녀가 어떤 사람인지, 그리고 그녀가 있는데 폴리가 왜 나를 놔주지 않는 건지 알고 싶다. 내가 그에게 물건을 도로 던지고 문을 쾅쾅 닫을 기운이 있었던 날, 또 엄청난 싸움을 하고 난 후, 나는 그에게 소리지르며 칼리는 이럴 때 어떻게 하냐고 물어본다.

"그냥 조용해져서 가만히 있어."

나는 그가 안절부절못하는 걸 지켜본다. 그는 날 쳐다보지 않고 있다.

"걔는 착한 여자애야." 그는 중얼거린다. "그냥 씨발 멍청이라고. 아무것도 할 줄 몰라. 멍청이야."

그가 칼리와 내 애기를 할 거라는 건 짐작하고 있다. 우리 둘 다에 대해 별로 좋지 않은 말을 할 게 많을 것이다. 하지만 칼리가 *착한 여자애*인 반면, 나는 똑똑한 역할이란 걸 파악한다. 요물. 사나운 년.

나는 여자애가 아니다. 나는 쌍년이다.

나는 눈 하나 깜짝하지 않고 거짓말을 할 수 있고, 그래서 폴리가 가족과 함께하는 추수감사절에 데리고 가는 건 나다. 5월에서 12월 사이 적당한 칵테일 드레스를 소화할 수 있기 때문에 크리스마스 파티에 데이트 상대로 데려가는 건 나다. 나는 말대꾸하고 싶다고 말한다. 나는 당신의 아버지를 멋지게 엿 먹일 줄 안다. 나는 짐을 싸고 문을 쾅 닫는다. 나는 그럴 수 있다는 이유만으로 차를 지나치게 빠르게 몬다. 나는 그럴 수 있다는 이유만으로 행사장에서 난동을 피운다. 나는 당신을 엿 먹이고 싶다는 이유만으로 날 그리워하게 만든다. 나는 위스키를 목구멍에 털어 넣고 담배에 직접 불을 붙인다. 나는 당신의 싱크대 상판에서 으깬 옥시코돈을 들이마신다. 나는 당신의 삶을 개판으로 만들 준비가 되어 있다. 나는 당신이 따라잡을 수 없는 사람이다. 나는 폴리의 이웃들이 남의 사생활에 관심을 끄려고 노력하는 동안 "애나 따먹는 놈!"이라고 소리지르며 밖으로 달려나가는 사람이다.

그가 "맞고 싶어?"라고 소리지를 때 나는 "씨발, 때려 봐. 새끼야, 때려보라고!"라고 받아치는 쪽이다.

나는 싸우는 방법을 알고, 그는 더럽게 싸우고, 나는 지는 걸 싫어한다.

그래서 폴리는 나를 데리고 있다. 버릇 없는 행동과 희망 없는 허무주의에 끌리기 때문에. 그는 쎈 년을 좋아한다.

나와 마찬가지로, 위험은 그를 흥분시킨다.

Ⅸ. 거머리들

그리스 역사가 헤로도토스는 악어새가 나일강에 사는 악어의 입에 자리를 잡고, 그 포식자의 이빨 사이에 낀 조각과 거머리를 떼어낸다고 썼다.

이것은 *청소 공생*이라 불린다. 새는 공짜로 먹이를 얻고 악어는 공짜로 스케일링을 받는 셈이다. 아무도 죽지 않는다.

그런데 악어새는 존재하지 않는다.

헤로도토스의 글로 묘사된 새가 이집트물떼새라 명명되기는 했지만, 이 새가 악어와 그가 묘사한 것과 같은 공생 관계를 맺고 있다는 증거는 없다. 사실, 종이 다른 동물 한 쌍이 상호 유익한 관계를 맺는 청소 공생 현상은 여전히 생물학자들 사이에서 논란거리다. 이러한 종 사이의 관계는 순수하게 상호적이라는 의견에서 순수하게 기생적이라는 주장까지 다양한 시각이 있다.

그럼에도, 헤로도토스의 악어새는 대중문화에 포섭되었다. 사실이라는 기반은 실패했을지 모르지만 그 자리에는 은유가 남아 있다. 사실은 중요하지 않다. 이집트물떼새의 독특한 깃털 같은 건 중요하지 않다.

물떼새를 들어본 적이 있는 사람은 없어도, *악어새*는 무언가를 의미한다.

나는 일부러 악어의 입 안에 앉아 있는 것의 유익함을 찾기 위해 애쓰고 있다. 나는 그것을 배우기 전으로 돌아가려고도 애쓰고 있다.

X. 꽃

나는 참을 수 있다고 스스로에게 말한다.

저녁을 먹다가 그가 갑자기 폭발하자, 나는 앉아 있다가 순간적으로 벌떡 일어난다. 반사적인 행동이다. 그는 고개를 돌려 나를 보더니 웃는다. 때로는 그가 상황이 얼마나 나빠질 수 있는지 알려주려는 이유만으로 버럭 화를 내는 것 같다. 그래도 이번에는 나빠지지 않는다.

나는 참을 수 있다고 스스로에게 말한다.

타는 듯한 고통이 종아리를 타고 온몸으로 퍼진다. 폴리는 "애기야, 나 때문에 놀랐어?"라고 말한다. "애기야, 앉아 있어, 다 괜찮아."라고 말한다. 그는 웃는다.

내 무릎에 붙어 있던 살덩어리가 그의 식탁 위에 있다.

나는 피를 흘리고 있다.

그가 "피가 나오네."라고 말한다. 그리고 웃는다.

나는 참을 수 있다고 스스로에게 말한다.

그는 또 폭주하고 있다. 그는 말한다. "씨발, 그 로션 바르지 말라고 했잖아. 그 개같은 에센셜 오일. 쌍, 니가 히피냐? 멍청한 쌍년."

어제 그는 "너에게서 나는 냄새가 너무 좋아."라고 말했다. 내가 방을 나설 때 꽃 향기가 난다고. 엄마를 떠올리게 한다고. 하지만 오늘은 그의 피부에 난리가 났다. 그는 말한다. "니 덕분에 크림이 듣질 않아."

나는 참을 수 있다고 자신에게 말한다.

그는 내 손목을 잡고 청소 세제를 내 얼굴에 대고 흔들고 있다. 그는 나에게 그걸 들이밀고, 내 힘 없는 손을 병의 목에 얹는다. 그는 문고리를 향해 걸레를 흔들면서 말한다. "빡빡 문질러. 시작해, 이 쌍년아. 그 향 다 없애라고, 내 면역력을 다 씹창내고 있잖아."

나는 절대 울고 있지 않다.

그는 고함치며 더 많은 지시를 내린다. "니가 그 더러운 손으로 만진 표면은 다 닦아. 니가 나한테 뭘 하는지 보라고. 니년이 나한테 뭘 하는지 좀 보라고, 쌍년아."

친구가 나에게 전화를 했을 때, 나는 절대로 울고 있지 않다.

그녀가 나에게 왜 계속 거기 있느냐고 물어볼 때, 나는 참을 수 있다고 말한다.

그는 나를 다정하게 대한다.

나는 소파에 힘없이 널브러져 있다. 나는 울고 있다. 그는 손에 든 술을 내려놓고 말한다. "애기야, 뭐가 문제야." 그의 목소리는 부드럽다. 그는 말한다. "애기야, 왜 울고 있어."

나는 말할 수 없는 것 같다. 왜 울고 있는지 모르는 것 같다. 나는 내 목소리를 찾을 수 없다. 눈물은 조용히, 기다란 길을 내며 얼굴을 흘러내리고 있다. 모든 것이 멀리 있는 것만 같다.

나는 생각하지 않으려고 노력하고 있다.

그는 내 손을 잡고 키스한다. 간신히, 너무나 부드럽게. 그게 내가 견딜 수 있는 전부이다. 그는 그게 내가 견딜 수 있는 전부란 걸 안다. 나는 무너지지 않으려고 노력하고 있다.

그는 계속 무슨 일이냐고 묻는다.

나는 내가 아는 것을 알지 않으려고 노력하고 있다.

그의 시선은 부드럽다. 그는 내 위로 몸을 굽혀 내 머리칼에 조심스럽게 키스한다. 볼에 키스한다. 내 코에. 그는 말한다. "눈 감아 봐." 그는 내 눈꺼풀에 키스하고 눈물을 닦아낸다.

그는 말한다. "나도 알아." 그의 목소리는 떨리고 있다.

그는 말한다. "변하려고 하고 있어."

그는 술을 홀짝이고 나에게도 맛보라고 권한다.

나는 그를 사랑한다. 이게 말하기 가장 힘든 부분이다.

나는 그를 사랑하지만 정말 견딜 수 없다.

내 친구 올리비아가 문자를 보낸다. *네가 나를 남자 때문에 완전 버린 거 같아.*

그녀는 내가 나쁜 친구라고 말한다.

그녀는 옳다.

나는 주차장에서 긴급 전화상담소에 전화를 건다. 여름치고는 밖이 선선한 편이고 그리 시끄럽지도 않다. 일요일이다. 폴리는 또 아무것도 아닌 일에 폭발했다. 나는 운전석에 앉아 한 발을 가속페달에 올리고 엔진은 꺼둔 채 떨고 있다. 교환원은 나에게 무슨 일이냐고 묻고 나는 남자친구에 대해 이야기한다.

내가 뻣뻣하게 편 손으로 입을 가리고 그 틈새로 토끼처럼 숨쉬는 사이 그녀는 긴 침묵을 지킨다. 그녀는 얼음장 같은 목소리로 말한다. "상담자 분을 다치게 하는 사람에게 자꾸 돌아가시면 도와드릴 수 없어요."

그녀는 또 말한다. "도움을 낭비할 사람을 왜 도와줘야 하죠?"

나는 울면서 전화를 끊고 사람들이 천천히 슈퍼마켓에서 나오는 것을 지켜본다. 나는 그들이 끄는 쇼핑카트의 나른한 끼익거림을, 그들의 흩어지는 웃음과 중얼거림을 듣는다. 전화 통화를 하는 10대들, 풍선껌 터지는 듯한 수다의 리듬. 아이들에게 속삭이거나 그들을 끌어안는 엄마들. 바빠 죽을 것 같은 초췌한 중년 남자들.

    세상에는 너무나 많은 사람들이 있다. 나는 어떻게 이렇게 외로워졌을까?

어느 날 엄마는 나에게 말한다. "너는 우리 가족을 망쳤어."

나는 가장 최근에 보기 시작한 상담치료사인 프랭크에게 자살하지 않을 것이라고 말한다. "제발 앰뷸런스 부르지 마세요, 그 짓을 또 할 수는 없어요." 하지만 왜 이렇게 아파야 하나요. 내가 뭘 했길래. 왜 나에게 이런 일이 일어나고 있나요. 너무 세게 울고 있어서 야생동물이 된 기분이다. 상처받은 동물처럼, 울부짖고 울부짖는다. 원하는 건 아무것도 없다. 계획도 희망도 없다. 오직 절망뿐.

나는 말한다. "내가 뭘 했든지 간에 미안해요. 미안합니다. 그러니까 그냥 멈추게 해주세요. 제발 하느님, 멈추게 해주세요. 이제 더는 못하겠어요."

나를 지켜보는 동안 그의 눈썹은 긴장으로 꿈틀거리고 나는 그가 이 상황에 대비할 수 있었을지 궁금하다. 그가 우리 세션이 끝나고 집에 가서 그의 딸을 평소와 다른 눈길로, 시간을 뛰어넘어 거대하게 솟아오르는 두려움을 가지고 바라보는지 궁금하다. 어쩌면 이건 그의 커리어가 바뀌는 순간일지도 모른다. 어쩌면 그는 내가 무너지는 걸 바라보면서, 내가 스스로를 위해 아무것도 하지 못하는 걸 바라보면서, 그가 무엇을 달리 할 수 있었을지 하나하나 살펴보고 있는지도 모른다. 어쩌면 그는 몇 달 전에 폴리에 대해서 그가 했어야 하는 말이 무엇인지 떠올리거나, 이 사달이 날 줄을 어떻게 알았겠냐고, 빌어먹을 '해야 할 일 목록'을 같이 쓴다고 해서 내가 부서지는 걸 막거나 구덩이에서 꺼낼 수 있었겠냐고 생각하고 있는지도 모른다.

"엄마가 옳았어요." 나는 말한다. "모두가 옳았어요. 나는 모든 걸 망쳐요." 나는 다시, 또 다시 말한다. "나는 죽어야 해요. 나는 씨발 죽어야 해요. 살아 있을 가치가 없어요." 나는 손톱으로 팔꿈치를 찍어 누르며 괴상하게 꼬인 매듭처럼 몸을 비튼다. 몸은 단단히 조여진 채 쓰러지고 있다. 나는 말한다. "너무, 너무 미안해요." 다시, 또 다시 말한다. "너무 미안해요." 이게 지나치다는 걸, 너무, 너무 지나치다는 걸 안다. 굶주림 같은 이 슬픔. 이 슬픔은 블랙홀이다. 이 슬픔은 한없이 깊은 상처다. 아무도 이걸 보게 만들지 말아야 한다. 미안해요, 미안해요, 멈출 수 있다면 좋겠어요.

내가 이제껏 프랭크가 그 의자에 앉아 있는 걸 보아온 이래 가장 사람 같은 모습을 하고 있다. 이마는 땀으로 번들거리고 얼굴의 피부는 걱정으로 팽팽해진다.

그는 몸을 앞으로 기울이며 말한다. "제발 미안해 하지 마세요."

그는 앰뷸런스를 불러야 한다고 말한다. 법적인 의무라서 어쩔 수 없단다.

그는 사과하듯이 말한다.

구급 의료대원 중 한 명이 연락할 사람이 있는지 묻자 나는 망설임 없이 폴리의 번호를 댄다. 나의 일부는 그가 마침내 자기가 나에게 뭘 하고 있는지 이해할 거라고 느낀다. 또 다른 일부는 어쩌면 내가 드디어 그가 나에게 뭘 하는지를 이해할 것이라고 느낀다. 나는 병원 휴게실에서 차가운 석고 벽에 기댄 다른 환자들과 나란히 서서 매일매일 전화를 건다. 환자라 불리는 우리는 모두 수치심을 공기 중으로 내뿜고 있다. 바닥에서 천장까지 이어지는 통유리를 통해 우리보다도 외로운 동료 환자들이 발바닥에 끈끈한 고무 패턴이 붙어 있는 값싼 병원 양말을 신고 목적지 없이 발을 질질 끌고 다니는 걸 바라본다. 때로 우리는 전화기 줄을 사지에 팽팽하게 감고 전화기의 차갑고 반복적인 울림을 배경음으로 마음을 준비한다. 마치 우리를 총살할 부대가 올 것처럼 서서 기다린다. 우리 중 여럿은 무겁고 까만 수신기를 얼굴에 조심스럽게 맞댄 채 벽에 기대 숨김 없이 운다. 우리 중 몇몇은 단 한 번도 응답을 받지 못한다. 우리 중 대부분은, 그것이 동물 인형이든 특정한 책이든 어떤 사람에 대한 소식이든, 원하는 응답을 얻지 못한다. 나는 폴리에게 날 찾아와 달라고 애원하지만 그는 한 번도 오지 않는다. 회의가 있다고, 가족 일이 생겼다고, 차가 말썽이라고 한다.

그는 못 온다고, 못 온다고, 못 온다고 말한다.

그는 어쩌면 오고 싶지 않은 거라고 말한다.

퇴원과 함께 나는 신경안정제를 처방하는 정신과 의사를 지정받는다. 약을 조제받자마자 나는 폴리가 있는 집으로 간다. 그는 내가 일주일 치 알약을 통에 채우는 걸 본다. 내가 지나갈 때 핸드백 안에서 알약이 흔들리는 소리를 듣고 "자기, 바퀴 달린 약국같네."라고 말한다.

나는 웃지만 그 말이 듣기 좋은 것 같진 않다. 그는 썩 웃으며 나에게 잔을 내밀고 흔들어 리필해 달라고 한다. 때로 그는 "자기, 물이 너무 많이 들어갔어."라고 말한다. 때로는 삐죽거리는 미소를 지으며 위스키가 딱 적당하다고 말한다. 밤의 막바지에 그는 "건배하는 거 어때?"라고 말한다. 의사가 처방약과 술을 섞는 것에 대해 뭐라고 했는지 알지만 나는 신경쓸 겨를이 없다. 폴리는 지금 너무 행복해 보인다.

나는 폴리가 크라운 로얄을 한 잔, 내 요청대로 스트레이트로 따라 주도록 허락한다. 나는 단숨에 그걸 마시고 잔을 쾅 내려놓는다. 그 술은 머금고 있기에 너무 달다.

"어이, 천천히 마셔." 그는 놀란 말을 달래듯이 말한다. "한 모금씩. 천천히."

나는 위스키를 두 잔 더 마신다. 토요일에, 일요일에, 그리고 그 다음 주말에, 그 다음 주말에도 더 마신다. 그가 말했듯이 한 모금씩.

장을 보면서 한 사소한 실수 때문에 폴리가 또 다시 폭발한 뒤, 나는 약을 모두 변기에 버린다. 효과가 있는 거라면, 나는 모르겠다.

퇴원한 지 몇 주가 지나고, 나를 담당하는 사회복지상담원은 아직 폴리와 살고 있는지 묻는다.

"그 사람은 당신의 건강과 안전에 분명히 해를 끼치는 사람이에요." 그녀는 말한다. "저는 당신이 갈 만한 안전한 곳이 있다는 걸 알아야 합니다."

나는 부모님 댁의 지하실을 잠깐 생각한다. 그리고 약에 취해서 계단에서 굴러떨어졌던 때를 떠올린다. 그때 누군가를 부르기에는 너무 피곤하고 부끄러워서 바닥에서 잠들었던 것을. 엄마가 계속 나에게 왜 다리를 저느냐고 물어보던 것, 그리고 세 번째로 그 질문을 했을 때는 버럭 화를 내며 대답했던 걸. 이제 엄마는 나에게 별다른 질문을 하지 않는다는 걸. 내가 도와달라고 애원하는 문자를 보냈을 때 아버지의 엄지손가락이 몇 번이나 *삭제* 버튼 위에서 맴돌았는지를. 아버지가 있는 집의 문을 두드리는 대신 내가 몇 번이나 응급구조센터에 전화를 걸었는지를. 입을 열어 모든 걸 망치기에는 두 사람을 너무나 사랑하기 때문에 몇 번이나 두 사람과 말 없는 아침 식사를 했는지를.

나는 소리지르는 손자손녀들로 북적거리는 로니의 랜치 하우스를 떠올린다.

나는 올리비아가 마지막으로 보낸 문자 메시지를 떠올린다.

나는 케빈에 대해 생각하고 그가 언제나 권총집에 넣어두는 장전된 권총을, 그리고 이라크와 아프가니스탄에 두 번 다녀오면서 그가 어떻게 바뀌었는지를 떠올린다.

나는 그녀에게 괜찮을 거라고 말하고 슈퍼마켓으로 차를 몰고 간다. 폴리가 오늘 저녁으로 구운 닭고기를 먹고 싶다고 했다.

출판사에 보내는
편지 #7

저기요, 좀 도움을 받을 수 있을까 해서요. [ ]를 떠나는 과정에 대해서 쓰고 있어요. 모든 걸 어떻게 쓸지 구상하고 있는데. 강간당한 것, 임신, 임신 중절 수술, 그의 집을 떠나서 충동적인 행동을 한 것, 친구들과 함께 지낸 것, 수술 4일 후 7월 4일✦에 주독/저혈당 때문에 죽을 뻔한 것, 브라이언을 그로부터 3일 뒤에 만난 것, [ ]가 그 후에 저를 괴롭힌 것 등등.

제 글에 깔려있는 근본적인 "테마"는 공동의존codependency✦✦과 혼자 있는 것에 대한 극도의 두려움이라고 할 수 있어요. 조증과 안절부절못하는 상태 사이에서 트라우마에 대응하는 이야

✦ 7월 4일: 미국의 독립기념일_역주
✦✦ 공동의존: 양육자의 알코올 의존 또는 신체와 성적 학대뿐 아니라 지속적인 자존감의 손상으로 인해 반복적 문제를 가진 사람(예:약물 중독 등)과 밀접한 관계를 맺게 되며 친밀감, 주체성, 감정 표현 등에서 어려움을 겪는 현상_역주

기죠. 제가 목적의식 없고, 실수나 남발하는 엉망진창인 사람이라는 사실에도 불구하고 살아남은 게 얼마나 기적적인지에 대한 이야기이기도 해요.

그냥 이 원고로 돌아오면서 정신상태가 정말 개판이 됐고 아마 그게 이 책이 아직도 미완성인 이유일 거에요. 기억을 너무나 많이 막아놨기 때문에 다시 떠올리는 게 힘들어요. 너무 많은 시간을 부정하는 데 썼고 이것과 관련된 모든 것에 대해 이야기하기를 거부해왔기 때문에 이제 이야기를 하자니 막막한 거에요. 글 쓰는 것 자체는 괜찮은데, 그냥 머릿속이 뒤죽박죽이고 지금은 제 이야기나 감정을 정리할 수가 없어요.

'당신을 죽이지 않는 것은 당신을 더 강하게 만든다'고 하지만 그건 정말 개소리예요. 저는 학대로 인해 인지 능력이 너무 손상되어서 확실히 전만큼 머리가 돌아가지 않고 전보다 할 수 있는 일이 줄어들었어요. 모르겠어요. 어떻게 해야 될 지, 아이디어 있으세요? 이런 거 물어보는 게 이상한가요? 이상한 거면 죄송해요.

꽃은 겁쟁이들에게나 줘라

5월 17일 토요일

자동초점 기능이 오작동하는 것 같다.

    이제 다 끝이라고, 내가 그에게 말하고 있다. 이런 개같은 상황, 더는 안 참아. 나는 그에게 *씨발 꺼져 새끼야*라고 말하고 있다.

나는 더 이상 너의 정액받이가 아니라고, 날 만지지 말라고 소리치고 있다. 그는 이 시간에 어딜 가려고 하냐고 묻는다. "운전하기에 너무 늦은 시간이야." 그는 말한다. "너 지금 운전하기에는 너무 흥분했어." 그는 말한다. "그냥 내 옆에 누워, 내일 아침에 얘기하자." 그는 말한다. "어딜 가려는 거야." 갈 곳은 없다.

나는 눕는다. 그의 숨막히는 키스를 피해 옆으로 돌아눕는다. 그를 쳐다보고 싶지 않다. 그는 말한다. "그러지 마." 그는 내 골반을 붙들고 있고 나는 "그만해."라고 말하고 있다. 그는 내 바지를 잡아당기고 있다. 그는 내 골반을 붙잡고 있는데, 자동초점 기능이 오작동하는 것만 같다. 배선이 닳아버렸다. 눈이 어둠에만 평생 적응할 것 같다. 모든 게 흐릿해진다. 빛이 어둑해진다. 나는 이곳에서 몇 마일이나 떨어진 기나긴 길 위를 미끄러지고 있고, 차는 내 골격보다 엄청나게 크고 나는 그 금속 구조 안에서 무적이다, 한 손에는 불을 붙인 담배를 들고 7월의 굉음을 지르는 더위 속에서 고속도로를 달리고 있다, 콘크리트 위에서 거대하고 견고하다, 은하수의 눈 안에서 깜빡이는 점이다. 나는 알맞은 소리를 내고 있다. 나는 이것이 강간이라는 걸 알게 될 테지만 지금은 아니다. 그는 내 안으로 파고들고 있고 나는 이게 몇 번째

인지 생각한다.

나는 알맞은 소리를 내고 있다. 아무 데도 갈 곳이 없다. 나는 이걸 괜찮은 일로 만들고 있다.

나는 내가 거대했으면 좋겠지만 어쩌겠어.

그는 하고 싶은 대로 하는 중이다.

우주에서는 아무도 너를 볼 수 없다.

6월 6일 금요일

맥스는 밝은 금발머리인 다섯 살짜리 아들의 이두근을 붙잡는다. "그만해." 그녀는 아이를 가슴팍으로 끌어당기며 말한다. "가슴 문질러줄까?" 아이는 소리지르고 있다. 그녀는 구부린 손가락 마디로 아이의 가슴팍을 세게, 담배를 끄는 것처럼 문지른다. 아이는 소리를 지르고 있다.

그녀가 놔주자 아이는 지평선을 향해 시선을 돌린다. 잠깐 멍하니 있다가, 정신을 차리고는 동생이 있는 모래 놀이터로 휘적휘적 걸어간다. 그는 차갑게 젖은 모래에 다리를 편다.

맥스는 이마에 손을 대고 스스로 체온을 재듯이 가볍게 누른다. "씨발, 이제 진짜 못해먹겠어." 그녀는 말한다.

드문 여름 바람이 휘잉, 놀이터를 지나간다. 우리는 길 건너편에 있는 그녀의 부모님 댁을 바라본다. 양철 상자 같은 집들이 사방을 둘러싸고 있다. 집 입구와 조용한 도로 귀퉁이에는 텅 빈 트럭이 주차되어 있다.

나는 점심 먹으러 어디로 가고 싶냐고 묻고 그녀는 아무 말도 하지 않는다. 입밖으로 꺼내지 않으려고 노력 중인 화제가 만 개 정도 있을 때, 할 수 있는 말은 얼마 되지 않는다.

예를 들어, 어떻게 이렇게 사방으로 둘러싸여 있으면서도 혼자라고 느낄 수 있는지. 열린 공기가 어떻게 이렇게 팽팽하게 느껴질 수 있는지. 장소, 순간, 느낌에 사로잡혀 있으면서 어떻게 말도 안되게 이미 벗어난 것처럼 느낄 수 있는지. 어떻게 결혼과 이혼 사이의 유일한 차이는 '충분히 했다' 뿐인지. 어떻게 여자와 엄마 사이의 유일한 차이는 실수뿐인지. 어떻게 유산과 임신 중절 사이의 유일한 차이는 욕망뿐인지.

맥스는 말한다. "그 사람이 두 시간 전에 애들을 데려가기로 했는데."

나는 아무 말도 하지 않는다. 나는 임신 3주차이다.

6월 21일 토요일

머리카락이 한 움큼씩 빠지고 있다. 잇몸이 물러진다.

집 안에서는 TV가 웅얼거린다. 우리는 폴리가 차고에 보관하는 끼익거리는 낡은 사무용 의자에 앉아 있다. 그의 트럭에 너무 가까이 의자를 굴리면, 그는 마치 개를 훈련하는 것처럼 손가락으로 딱 소리를 내고 나를 가리킨다. 나는 폴리가 요금정산소에서 정신줄을 놨던 그 더운 날을 상상한다. 그가 이를 악물고 트럭을 후진 기어로 놓은 뒤, 손을 기어에 올려놓고 잠시 씩씩거리다가 운전 모드로 잡아당기고는 페달을 끝까지 밟았던 걸 떠올린다.

나는 내가 쎈 년이라고 생각하길 좋아한다. 아무것도 나에게 영향을 미치지 못한다고. 내가 절대, 절대 이런 개수작을 받아주지 않을 것이라고. 그리고 나는 내가 다시는 그러지 않을 거라고 생각하고 싶다. 그렇지만 이제는 나 자신을 더 잘 안다.

인정하기 싫지만 나는 너무나 무너진 상태다. 하루의 대부분을 침대에서 보낸다. 식사를 하거나 옷을 입거나 장 봐야 할 것들의 목록을 만들기는커녕 생각 하나 짜깁기하기도 어렵다.

나는 이것보다 나은 사람이라고 생각하고 싶다. 마치 상처받거나 상처받지 않는 것이 사람의 가치에 대한 실제적인 측정인 것 같다. 아니란 걸 안다. 알고 있다.

폴리가 폭발할 때마다, 자기가 원하는 걸 뭐든지 가져갈 때마다, 나는 조용한 곳으로 떠내려간다. 이 조용한 장소에서 나는 엄청난 속도로 우주를 가로지른다. 나는 거대하고 내가 원하는 걸 뭐든지 한다. 생각들이 뭉치고 불꽃이 튄다. 나는 기억을 만드는 게 아니라 기억을 관통해 돌진하고 있다.

폴리가 위스키가 든 잔을 흔들 때마다 얼음이 유리에 부딪힌다. 오래된 레코드판처럼 타닥타닥 소리를 낸다. 그가 담배를 한 모금 빨아들이며 "자기야, 그럴 수는 없어."라고 말할 때, 나는 아무 말도 하지 않는다.

그는 말한다. "내가 애새끼한테 줄만한 게 뭐가 있겠어."

그는 말한다. "술을 너무 많이 마시잖아."

그는 말한다. "내 성질머리 알잖아."

그는 말한다. "아버지한테서 물려받은 거야."

그는 말한다. "난 절대 바뀌지 않을 거야."

그는 말한다. "나한테 뭘 바라는데."

나는 아무 말도 하지 않는다. 나는 울고 있다. 무슨 생각을 했던 건지 모르겠다. 나는 웃는다. 무슨 생각을 하는 건지 모르겠다.

그는 말한다. "미안해."

그는 말한다. "나한테 뭘 바라는데."

나는 그의 위스키 잔을 들고 술을 한번에 들이킨다. 얼음이 컵 안에서 다시 자리잡는다.

그는 이번에는 한 모금씩 마시라고 말하지 않는다. 담배를 권한다.

6월 27일 금요일

가죽 재킷을 입은 폴리는 평소보다 덩치가 커 보인다. 그의 그림자가 먹구름처럼 드리운다. 그는 나와 낙태 반대 시위하는 사람들 사이에서 팔을 뻗고 있다. 나는 돌아서서 그들에게 침을 뱉고 싶지만 그는 나를 재빨리 입구로 데려가고 있다. 그는 내 손을 잡아주지는 않지만 문을 열어준다.

우리는 대기실에 앉는다. 그는 다른 커플들 중 하나를 가리키더니 "저 사람들은 여기 몇 번째 온 걸까?"라고 말한다. 나는 "서로 사랑할까?"라고 말한다. 그는 아무 말도 하지 않는다.

나는 이 동네에서 점심을 먹고 가도 되느냐고 묻는다. 오로라Aurora에는 전에 한 번 와본 적이 있다. 그는 "점심을 왜 여기서 먹는데?"라고 말한다.

나는 구겨지기 시작한다. 그는 얼굴을 찌푸리며 "자기야, 참아."라고 말한다.

그는 말한다. "아씨, 그만 울어."

그는 말한다. "소란 피우지 마."

내가 통증에 대해 물어보는 동안 간호사는 서류를 건넨다. 바이코딘을 처방받을 거라고 한다. "다음 중 알레르기가 있는 물질이 있나요?" 그녀는 서류를 읽는다. 나는 머릿속으로 계산을 한다. 만약 통증을 맨정신으로 참으면 약을 모아서 삼사일간 취해 있을 수 있다. 그녀는 다음 질문으로 넘어갔다. 나는 임신 중단을 강요당한 경우에 체크할 수 있는 칸은 있지만 임신을 강요당한 경우에 대한 칸은 없다는 걸 알아차린다.

옷을 벗고 나서, 나는 다리를 들어올려 지지대에 얹고 초음파 검사를 기다린다. 숨쉴 때마다 종이 가운이 바스락거린다.

주말을 폴리네서 보내는 게 어떨지 생각한다. 손님용 방에 있는 휑한 매트리스에 누워, 아무 일도 없었던 것처럼 폴리가 텔레비전을 향해 소리지르는 동안 문을 닫은 채 진통제에 취해 있는 것. 아무 일도 없었던 것처럼, 그는 또 술을 마실 것이다. 물을 한 잔 마시려고 휘청거리며 나갔을 때 하얀 벽에 부딪히는 나를 상상한다. 피를 씻어낼 때 쓸 거친 베이지색 수건을. 그가 이번에는 조금이라도 다를까 생각해본다. 어쩌면 수프를 데워 가져다주지 않을까. 어쩌면 나랑 같이 앉아있어주지 않을까. 어쩌면 내가 영화를 고를 수 있게 해주지 않을까. 어쩌면 꽃을 가져다주지 않을까.

나는 내 차에 올라타 운전하는 것에 대해 생각한다. 갈 곳은 없지만 이젠 있을 곳도 없다. 한낮에 랜드Rand에 있는 싸구려 바에 가서 술을 너무 빨리 마시고 주크박스에서 노래를 스무 개쯤 고르는 생각을 한다. 팻에게 전화를 거는 생각을 한다. 타투, 아무 타투나 받는 것에 대해 생각한다. 폴리는 타투를 싫어한다.

나는 시위하는 사람들을 뒤따라가서 그들의 자동차 타이어에 구멍 내는 상상을 한다.

희망이 없을 때 무한한 가능성이 열리는 건 신기한 일이다.

의사는 어떤 일이 벌어질지 설명한다. "차가운 느낌이 드실 거예요."라고 그녀는 말하고 실제로 그렇다. "압력이 좀 느껴지실 거에요."라고 말하고 실제로 그렇다. 나는 울고 있지만 소리 내지 않는다. 우리는 별로 눈을 마주치지 않는다. 그녀는 나에게 억지로 스크린을 보게 하지 않고 심박이 있는지 말하지 않는다. 그녀는 이른 시기여서 자궁경관 확장과 내막 소파를 할 필요는 없다고 한다. 그저 알약을 몇 알만 먹으면 된다고 한다. 며칠 누워 쉬어야 할 뿐이라고. 골프공 크기의 응혈이 몇 개 나올 뿐이라고.

나는 울고 있지만 소리 내지 않는다. 그녀는 나에게 티슈를 건넨다. 그녀는 말한다. "이제 옷 입으셔도 됩니다."

나는 스물네 살이다.

아무에게도 꽃을 받은 적이 없다.

우리 동네로 돌아가는 차 안에서 나는 무너지고 만다. 조수석 차창에 헝겊 인형처럼 기댄다. 시원한 촉감의 유리와 내 뺨 사이로 눈물이 흐른다. 폴리는 말한다. "그만 울어, 왜 울어."

나는 말한다. "우리가 지금 어딜 갔다 오는데?"

그는 대시보드를 주먹으로 내리친다. 나는 숨을 쉬다 사레가 들리고 다급하게 문의 손잡이를 잡는다. 그는 트럭 문을 잠그고 소리친다. "미쳤냐? 씨발, 뭐하는 짓이야!" 그의 목소리는 내 귓속에서 천둥처럼 울린다. 나는 손바닥을 유리창에 다시, 또 다시 내리치면서 미친 듯이 조수석 문의 손잡이를 잡아당긴다. "내려줘." 나는 뱉어낸다. "나 여기서 나가야 돼."

폴리의 눈은 우리 주변에 있는 자동차들을 재빠르게 훑고 있다. 그가 급하게 차선을 바꿔 다른 운전자들을 추월하는 동안 엔진이 큰 소리로 웅웅거린다.

"너 때문에 내가 이상한 사람 같아 보이잖아." 그는 소리친다. "사람들이 내가 널 괴롭힌다고 생각할 거라고."

"날 괴롭히는 거 맞잖아." 나는 말한다.

"저 사람들이 경찰 부르면 어쩔 건데?" 그는 소리친다. "존나 정신 나간 짓이나 하고 있어."

"내려줘." 나는 애원한다. "제발 내려줘." 나는 계속 문을 열려고 시도한다. 잠긴 걸 알고 있지만 계속 열려고 한다.

그는 말한다. "너 존나 멍청해 보여."

나는 계속해서 입 모양을 만든다. "내려줘."

나는 폴리의 차에서 울다가 탈진했다. 그는 소리를 지르면서 차분해졌다. 우리는 집에 걸어 들어가고 침묵 속에서 각자 코트를 건다. 그는 시계를 흘깃 본다. 평소라면 다섯 시까지 직장에 있었을 텐데. 그는 나를 위해 오늘 휴가를 냈다는 점을 상기시키고 있지만 나는 이미 계단을 올라가고 있다. 반쯤 올랐을 때, 폴리는 같이 앉아 있고 싶냐고, 영화를 보지 않겠냐고 묻고, 나는 아니라고 말하면서 스스로 놀란다. 그는 말한다. "진짜야, 니가 영화 골라." 처음으로, 나는 그의 제안에 덥석 응하지 않는다. 이제 어떤 것에도 덥석 응답하지 않을 것이다.

"그래, 괜찮아." 그는 말한다. "위에서 울고 싶은 만큼 울어. 여긴 안전해."

난 벌써 울만큼 울었다.

6월 28일 토요일

내가 손님용 침실 매트리스에 일자로 누워 있는 동안 폴리는 아래층에서 뉴스를 보고 있다. 아무것도 덮여 있지 않은 매트리스의 반짝이는 폴리에스테르 조직이 내 블라우스와 피부에 닿아 까끌거린다. 이제 조여오는 통증에 익숙해졌는데, 그렇다고 널 아프지는 않다. 나는 폴리의 할머니가 만든 퀼트의 꼼꼼한 바느질선 위로 손을 쓸어내린다. 따뜻한 색감의 호두나무로 만든 침대 머리판과 세트로 디자인된 옷장과 침실용 탁자를 만져본다. 탁자의 서랍을 열었다가 닫는다. 여름이지만 이 방은 언제나 춥다. 벽에는 아무것도 없다. 서랍에는 아무것도 없다. 폴리를 찾아오는 손님은 많지 않다. 그는 친구가 많지 않다. 방은 그냥 흰색이다. 열병에 걸렸을 때 꾸는 꿈처럼. 갑작스럽게 찌르는 고통처럼.

너무나 아깝다, 이 아름다운 앤티크 가구가, 튼튼한 목재가. 너무나 아깝다, 사랑을 담아 바느질한 퀼트가. 너무나 아깝다, 이 넉넉한 집이.

너무나 아깝다, 이 모든 사랑이.

저녁이 되자, 다리 사이로 피가 뿜어져 나오는 동안 두 번째 바이코딘이 나의 피부 아래로 배어들어가 그것의 빛나는 온기가 퍼진다. 내장이 꼬이고 죄어든다. 나는 로니가 했던 말을 떠올린다. *진통제 따위 그런 개같은 건 없어.* 정말 그딴 건 없다.

폴리는 문을 열고 들어오면서 노크를 한다. 부모들도 같은 행동을, 문을 열면서 노크를 하곤 한다. 허락을 구한 것처럼 가장하기. 그는 미끄러지듯 들어와 수프 한 그릇을 탁자 위에 놓는다.

그는 마치 손이 너무 커서 어디에 둬야 할지 모르는 것처럼 어색하게 서 있다.

나는 그를 제대로 바라본다. 완전히 처음 만나는 것처럼 눈앞의 광경을 들이마신다.

그는 이발소에 가서 다른 남자의 사진을 보여주며 "이렇게 하고 싶어요."라고 말하지도 못할 정도로 동성애혐오적이기 때문에 별볼일 없는 머리스타일을 하고 있다. 옷은 무난하다. 베이지색, 갈색, 회색, 흰색. 머리카락은 쥐털 같은 회색이다. 치아도 회색이다. 눈은 술기운 때문에 가장자리가 빨갛고, 피부는 볼과 턱까지 울긋불긋하고 여드름 자국투성이다.

나는 그의 얼굴을 살핀다. 내가 무엇을 찾으려는 건지는 모르겠다. 내가 아는 거라곤, 나는 그걸 찾을 수 없다는 것이다.

"뭐라도 먹는 게 좋을 거 같아서." 그는 말한다.

나는 말한다. "응."

그는 시간을 끈다. 무언가를 기다리는 것처럼 서 있다. 뭘 원하는 건지 알지만 그에게 주지 않을 것이다. 그는 나에게 좀 어떠냐고 물어보지 않을 것이다. 폴리와 같은 남자들은 그런 말을 어떻게 해야 하는지 모르기 때문에. 그들을 가르치는 건 더 이상 내 책임이 아니다. 이제 그만할 거다. 나는 그가 무거운 침묵 속에서 안절부절못하도록 내버려둔다. 월요일에, 나는 짐을 쌀 것이다. 바이코딘 한 움큼이 남아 있을 것이다. 나는 불편하게 있는 데 소질이 있다. 나는 오크 파크Oak Park로 운전해 갈 것이고 맥스네 집에서 하룻밤을 보낼 것이다. 뭐든지 마시고 싶은 걸 마실 것이다.

누구든지 원하는 사람과 섹스할 것이다. 하고 싶은 걸 뭐든지 할 것이다.

그는 말한다. "아래층에 있을 거니까 필요하면 말해."

그리고 나는 그를 필요로 하지 않는다.

나는 여기 있다. 그가 나간 뒤, 나는 문을 닫고 혼자 다시 침대에 눕는다. 수프가 차가워지도록 내버려둔다. 통증이 몰려와서, 나는 스스로를 부둥켜 안는다.

이것은 가능성이다.

아쉽게 실패

I.

7월 4일. 피가 멈춘 지 3일째. 임신 중절 이후로 나는 맥스와 케빈 네 집에서 지내고 있다. 폴리는 여전히 나에게 문자, 전화, 이메일을 보내고 있다. 나는 무시하려고 최대한 노력 중이다. 가끔씩 맥스는 말한다. "야, 그냥 내버려 둬. 번호 차단해. 이메일 주소 바꾸고." 나는 매번 대답한다. 폴리 때문에 하나라도 더 바꾸지 않겠다고.

나는 그들의 소파에서 자고, 아이들을 봐준다. 케빈이 집안일, 아이들, 그의 아내, 나의 친구를 피하는 동안 함께 지하실에서 대마를 피운다. 둘은 많이 싸운다. 아니, 그냥 서로 잘 맞지 않는다. 둘은 여러 가지를 시도해보는 중이다. 섹스 컨벤션에 참가하기. 데이트 날 정해두기. 폴리아모리.

그들은 기분전환을 할 겸 파티를 연다. 저녁이 되자 민소매 셔츠에 카고 반바지를 입은 덩치 큰 남자들이 핫도그용 빵과 소스, 12개 들이 싸구려 맥주 세트, 위스키와 우스꽝스러운 샷글라스를 들고 걸어 들어온다. 맥스와 케빈은 둘 다 해병대 출신이고, 둘의 친구들 대부분이 해병이다.

우리는 거실에 앉아 있고, 발바닥을 통해 음악의 진동이 느껴진다. 사람들은 방의 구석진 곳에서 마치 다른 사람들은 아무도 없는 것마냥 서로를 더듬고 있다. 때때로, 자다 깬 아이들 중 하나가 방을 뛰어다니며 그 광경에 손가락질하고 소리지른다. 나는 맥스와 케빈이 각자 애무하던 파트너에게서 고개를 들어 몇 분간 서로를 노려보다가 둘 중 한 명이 컵을 쾅 내려놓고는 아이를 잠자던 방으로 다시 몰아넣는 걸 지켜본다. 모두가 소리치며 웃고 있지만 소음의 벽 너머로 나에게 들려오는 건 외설적인 농담의 결론 부분뿐이다. 이외에 농담은 들리지 않는다.

난 보통 파티를 싫어하지만 바이코딘에 취해 누가 무슨 말을 하는지 신경쓸 겨를이 없다. 난 그저 웃고 있다. 무엇에 대해 웃고 있는지는 상관이 없다. 몇 주간 웃은 적이 없으니까. 나는 이 해병대원 무리를 바라본다. 우리 중 여럿은 고등학교나 중학교를 같이 다녔다. 대부분은 학비를 내기 위해 군인이 되었고 잔인한 전투를 목격하고 나서 학교를 그만두었다. 대부분은 직장이 없고 무언가에 중독되어 있다. 대부분은 부모님과 함께 산다. 싱글이거나 애인과의 관계에서 심각한 문제를 겪고 있다. 사람을 죽이기 위해 총을 쏘고 난 뒤에는 무언가에 신경쓸 생각이 들지 않을 것이다.

이 방에 있는 모든 사람은 외상 후 스트레스 장애가 있다.

실내에서 파티는 잦아들고 있고 맥스는 청소를 하는 중이다. 나는 케빈과 그의 친구들과 함께 뒷마당에서 담배를 피우고 있다. 나는 보드카를 너무 많이 마셨다. 대마를 너무 많이 피웠다. 바이코딘을 너무 많이 삼켰다. 음식을 충분히 먹지 않았다. 머리가 빙빙 돌기 시작하고, 나는 구토를 한다. 토사물이 뒷마당을 가로지를 정도로. 케빈은 묻는다. "야, 너 괜찮아?"

그리고 나는 이런 식으로 대답한다. "어 으와… 으음."

손이 느껴지지 않는다. 시야가 깜깜해지기 시작한다. "안에 들어가자." 케빈이 말한다. 한 손으로는 내 손목을 잡고 다른 손을 허리에 얹어 나를 이끈다. "미안해." 나는 말한다. "못 걸어가겠어, 미안." 나는 웃고 있다. 나 말고는 아무도 웃지 않는다.

맥스가 허겁지겁 달려와 무슨 일이냐고 묻는다. 나는 휘청거리며 웃고 있다. 케빈이 말한다. "모르겠어, 방금 엄청 토하더니 막 떨어." 집 안은 어둑어둑하다. 텔레비전이 방 안에 파란 빛을 뿌리고 있다. 나 말고는 아무도 웃지 않는다.

누군가가 나를 들고 소파로 데려간다. 나는 말한다. "이렇게 엉망진창이라서 미안해."

누군가 말한다. "씨발, 좆됐다."

"내가 파티 망쳤네." 내가 말한다.

누군가가 말한다. "나 이런 거 못해." 누군가가 말한다. "씨발, 장난해? 얘 죽잖아."

"혈당이." 나는 말한다. "나 오늘 아무것도 안 먹었어."

"얘 당뇨라고 했던 거 같은데."

"술을 얼마나 마시게 놔둔 거야."

"몰라, 다 큰 성인인데."

"케빈, 얘 혈당 떨어지는 거야. 케빈, 얘 보고 있어."

"야, 눈 뜨고 있어. 눈 떠."

"쌍, 얘 무슨 약 했는데?"

"입술 파래진다, 아, 씨발."

호흡이 가빠지고 너무 춥다. 이가 딱딱 부딪힌다. 모든 게 새카매지고 있다. 눈을 감으면 이게 다 끝나겠지 생각한다. 더 이상 울지 않고. 더 이상 후회도 없고. 더 이상 책임도 없고. 더 이상 병원도 없고. 더 이상 폴리도 없고. 더 이상 죄책감에 시달리지 않고. 더 이상 까끌거리는 외로움도 없고.

누군가가 내 머리를 안고 있다. 누군가가 내 이름을 말한다. "성. 물 좀 마셔. 입 열어 봐."

모두가 내 위로 거대한 몸을 기울이고 있고 이목구비가 어둠 속에서 뭉개져 보인다. 텔레비전의 파란 불빛으로 인해 길게 쭉 뻗은 그들이 나를 둘러싸고 빽빽이 모여있다.

더 이상 웃음소리는 없다. 더 이상 음악은 없다.

맥스는 다급하게 내 손과 팔을 문지른다. 불을 피우려는 중이다. 그녀는 말한다. "일어나. 잠들면 안 돼. 일어나." 간호사가 핏줄을 찾듯, 그녀가 내 볼을 가볍게 치는 동안 긴 곱슬머리가 내 눈꺼풀에 닿는다. 그녀는 종이 봉투 안에 손을 집어넣고 있다. 내 입 안에 손가락을 넣고 있다. 달콤한 맛이 난다. 그녀가 말한다. "혈당을 올려야 돼."

거대한 들숨이 화물트럭처럼 나를 관통한다. 움직일 수는 없지만 볼 수 있다. 케빈은 그의 아내가 내 입 안에 설탕 가루를 집어넣는 동안 바닥에 쭈그리고 앉아 설탕 봉지를 움켜쥐고 있다. 눈을 커다랗게 뜨고 있다. 보고 싶지 않지만 눈을 돌릴 수도 없다는 게 느껴진다. 그의 긴장된 손은 종이 봉지를 찌그러트린다. 이런 모습의 케빈을 보는 건 처음이다.

나는 말한다. "미안해. 진짜, 진짜 미안해."

"그냥 우리랑 같이 여기 있어." 고개를 저으며 그는 말한다. "씨발, 나 두고 가지 마."

II.

7월 6일. 완벽한 여름날이다. 올리비아와 나는 오랜만에 같이 시간을 보내는 중인데, 그동안 만날 노력을 하지 않았던 건 아니다. 적어도 올리비아 입장에서는. 그녀는 내가 임신 중절을 하고 다른 사람들의 소파에서 잠들고 거의 죽을 뻔 한 사이에 매일 나에게 문자를 했다.

우리는 그녀가 어린 시절에 쓰던 방바닥에 앉아있다. 그녀와 소소한 이야기를 주고받고 예의 바르게 지루함을 숨기는 사이 우리의 시선은 벽을 따라 서성이고 방 안의 잡동사니를 훑고 있다.

나는 사람을 만나면 뭘 하는지 기억하려고 노력하는 중이다.

지난 여름에 그녀와 함께 있었던 걸 기억한다. 나는 짙은 푸른색 꽃이 그려져 있는 흰색 구제 드레스를, 올리비아는 연한 파란색 물방울무늬의 부드러운 민소매 원피스를 입고 있다. 우리는 독립기념일 점심식사를 위해 옷을 차려입고, 올리비아 어머니네 정원에 있었다. "초특가 세일해서 8달러였어." 올리비아가 자랑하듯 말한다. 우리는 아이스크림 케이크와 고급스러운 크래커에 올려 먹을 올리브 타페나드를 만들었다. 우리는 뜨거운 태양 아래 앉아 있었다. 우리에겐 다른 친구가 별로 없다. 고양이가 우리의 맨 다리를 스쳐 지나간다. 자꾸만 "이거 진짜 맛있다."라고 말하는 데에서 어딘가 절박함이 느껴지고, 접시 바닥을 긁는 포크 소리는 우리의 나른한 만족감을 깨뜨린다. 올리비아는 마디마디가 하얗게 된 손으로 리모컨을 쥐고 채널을 돌렸다. 무엇을 찾고 있는지, 그녀도 모르는 것 같았다. 아는 거라곤 *딱 좋아야 한다*는 것. 뚱뚱한 꿀벌이 방충망으로 된 문에서 튕겨져 나가고 우리가 건드리지 않은 유리잔 속 얼음이 더위 속에서 뭉툭하게 녹아내리는 동안 우리는 텔레비전 소리 위로 이야기를 나눴다. 특별히 아무 말도 하지 않으면서 말하고 또 말했다. "아, 나 넷플릭스에서 최근에 나온 되게 재밌는 거 봤는데.", "로건 스퀘어에 있는 비건 식당 가봤어?", "할 일 없을 때 그 성인용 컬러링북에 색칠해보고 있어." 텔레비전에서 흘러나오는 광고의 통통 튀는 울림이 엮여 있음에도 침묵의 순간들은 찌르듯 아프다.

올리비아와는 언제나 이런 식이다. 긴장한다.

오늘 우리는 올리비아가 어렸을 때 쓰던 방에서 톡톡한 카펫을 손바닥으로 누르며, *이렇게 날씨가 좋고, 좋은 날은* 우리가 할 만한 일들을 찾아서 뭐라도 할 것처럼 주절거리고 있다. 나는 사람을 만나면 뭘 하는지 기억하려고 노력하는 중이다. 올리비아는 떨리는 손가락으로 숱이 많은 갈색 머리를 빗는다. 내가 쳐다보자 그녀의 눈이 흔들린다. 눈이 마주치자 올리비아는 "*저기, 저기.*"라고 말하듯 헛기침을 한다.

그리고 묻는다. "그래서 가을에 복학할 거야?"

"응, 그래야겠지." 나는 말한다.

나는 그녀의 뒤편에 있는 책상에 놓인 플라스틱 병을 발견한다. 튼튼해 보이는 흰색 병은, 탄산음료 캔과 비슷한 크기와 모양이다. 약국 스티커가 붙어 있다.

나는 말한다. "나 물 한 잔만 가져다 줄 수 있어?"

"아니." 그녀는 농담을 한다. 방에서 나갈 이유가 생긴 게 다행스럽거나 심지어 고마운 것처럼 무미건조한 웃음을 지으며 일어난다. 포커카드로 집 짓는 놀이에서 지붕을 올릴 때나 쓸 법한 섬세한 터치로, 문을 조심스럽게 닫고 나간다. 올리비아는 언제나 천천히 움직인다. 마치 무언가를, 모든 것을 깨뜨릴까 봐 두려운 것처럼 뒤꿈치를 들고 걷는다.

나는 손을 뻗어 책상 위의 병을 집어 든다. 축축하고 차가운 손 안에서 병을 돌려 본다. 내가 본 것 중 가장 커다란 클로노핀Klonopin♣ 병이다.

나는 내용물의 반 정도를 핸드백 안에 털어 넣는다.

♣ 클로노핀: 진정제의 일종_역주

III.

오케이큐피드* 메시지를 통해 한 남자를 스시 레스토랑에서 만나기로 한다. 그는 나에게 전화번호를 준다. 그의 이름은 브라이언이고, 서른아홉 살이고, 화질이 좋지 않은 사진을 통해 끔찍하게 생기지는 않았다고 짐작한다. 내가 그에게 처음으로 보낸 문자는 *약 하세요?* 다.

그는 오랫동안 답장을 쓴다. 그러다 쓰기를 멈춘다. 다시 쓰기 시작한다. 마침내 그는 단순히 *네*를 보낸다.

그날 밤, 그는 나를 그의 어머니와 계부가 함께 사는 집으로 데려간다. 지하실에서 개 두 마리가 나를 맞이하러 뛰쳐나온다. 그는 나를 지하실, 자신이 잠자는 그곳으로 이끌고, 개들은 우리

* 오케이큐피드: 온라인 데이팅 서비스._역주

를 따라 타박타박 계단을 내려온다. 앰프 여러 개, 베이스 기타, 마이크, 그리고 봉고 드럼 몇 개가 보인다. 커다란 이젤 두 개. 두꺼운 미술사 책과 불교 서적으로 가득한 책장. 지하실은 어둑어둑하고, 약간 습하다. 개들은 바닥에 누워, 혀를 빼물고 옆으로 살짝 몸을 굴려 우리를 쳐다본다.

한쪽 벽에는 유목으로 만들어진 작은 제단이 있다. 나는 그의 티벳 종을 만진다. 명상용 바퀴를 집어들었다가 내려놓는다. 향에 붙어있는 재를 문질러 없앤다. 그는 말한다. "그냥 말하는 건데, 저는 불교 신자예요. 그러니까 걱정 마요. 해치지 않을 테니까. 내 신념에 반하거든요."

나는 웃는다. "저기요, 좆도 신경 안 쓰거든요." "그냥 안전하다는 걸 알려주는 거에요."

나는 더 크게 웃는다. "이봐요, 나는 이게 얼마나 위험할지 계산하고 온 거에요." 나는 더 말한다. "뭐든지 말은 할 수 있죠. 하지만 당신 어머니는 우리가 여기 있다는 걸 알아요. 귀여운 개들도 있고."

그는 앨범 커버 하나 위에 코카인을 약간 털어놓고 캐시 카드로 줄을 세운다. 나는 그가 카드를 굶주린 듯 핥는 걸 바라본다.

나는 코카인을 해본 적이 없다고 말하고 그는 "너무 많이 하지 않게 지켜볼게요."라고 한다.

그는 한 사람당 줄을 하나씩 준비하고 말한다. "레이디 퍼스트." 나는 두 줄 다 흡입하고 말한다. "어떻게 된 일인지 모르겠어요." 이게 몇 번 반복된다.

그는 말한다. "분명히 두 줄 준비한 거 같은데."

"잘 모르겠어요." 나는 말한다. "기억이 안 나." 그리고 그 말은 어느 정도 사실이다. 몇 년이 지났지만 나는 여전히 내가 이렇게나 욕심을 부렸다는 걸 납득하지 못하겠다. 나는 클로노핀을 너무 많이 해서 계속 활짝 웃고 있고 나의 숨소리는 얕고 엷다.

"오늘 먼저 다가가진 않을 거에요." 그는 말한다. "내가 여기로 데려오긴 했지만 아무 기대도 없어요."

나는 그에게 키스한다.

그는 말한다. "그러지 않아도 돼요."

"그만했으면 좋겠어요?" 나는 말한다.

그는 조용히 웃는다.

나는 브라이언과 뒷마당을 향한 베란다에 앉아 정신을 차리는 중이다. 이 느낌이 정말 싫다. 벌써 클로노핀이 떨어지기 시작했다. 이 느낌이 정말 싫다. 그는 담배 두 개비에 불을 붙이고 하나를 나에게 건넨다. 나는 말한다. "있잖아요, 나 지난주에 임신 중절 수술했어요." 그를 알게 된 지 세 시간 밖에 지나지 않았지만 그가 겁을 먹고 연락을 끊는다거나 해도 상관 없다. 나는 사랑에 빠지려고 하는 게 아니다. 그냥 집에 가지 않으려는 거다.

나는 담배를 끊을 거다. 약을 끊을 거다. 책장을 정리하고 다시 학교에 갈 거다. 다시 글을 쓰기 시작할 거다. 다시 달리기를 하고 제대로 밥을 챙겨 먹을 거다. 정신 차릴 거다.

나는 말한다. "나를 계속 괴롭히는 남자가 있어요. 전 남친."

나는 말한다. "되게 폭력적인 사람이었는데 나는 그렇지 않은 관계에 있어본 적이 없는 거 같아요."

나는 말한다. "그 사람이 나를 강간했는데 몇 번이나 그랬는지도 모르겠어요."

나는 말한다. "내가 뭘 했길래 이런 일을 겪어야 되냐고요,

사람들은 내가 태어났을 때부터 나한테 지랄인데, 나는 자꾸 그들에게 돌아가고 이번엔 다르겠지하고 바래요."

그는 조용히, 깊이 담배를 빨아들인다.

나는 말한다. "그래도 그 남자 나쁜 사람은 아니에요." 나는 말한다. "난 아직도 정말, 정말 모든 사람을 사랑하고 싶어요. 아직도 그 사람을 정말, 정말 사랑해요."

나는 말한다. "받을 자격이 없어도 누구나 사랑을 필요로 해요." 내가 누구에 대해 이런 말을 하는 건지 잘 모르겠다. 나는 말한다. "누구나 사랑 같은 걸 가져야 한다고 생각하지 않아요? 히피들이 말하는 씨발 자유로운 사랑 같은 거 얘기하는 게 아니라, 그냥 실용적으로 봤을 때 세상에 필요한 거 아니냐구요. 하지만 아무도 이렇게 느끼지는 않는 거 같고 나는 계속 얻어맞고 있는 거죠."

나는 말한다. "너무너무 살고 싶어요. 근데 이 세상은 나를 죽이고 있어요."

등에 그의 손이 닿아 있단 걸 느끼기 전까지는 내가 울고 있다는 걸 모른다.

나는 말한다. "나 삼 일 전에 죽을 뻔 했어요."

그는 말한다. "그러지 않아서 다행이에요."

그는 말한다. "나 아침에 일하러 가야 하는데 여기 계속 있어도 괜찮아요."

그는 말한다. "당신처럼 솔직한 사람은 처음 만나요."

그는 말한다. "나는 구 년 전에 차였어요."

그는 말한다. "여기로 돌아왔고 다시 술을 마시기 시작했어요."

그는 말한다. "나는 그냥 죽을 날을 기다리고 있었어요."

WHE
THIS
GOIN

RE'S BITCH

G

몇 주 동안 간헐적인 괴롭힘을 견디다가, 나는 드디어 폴리에게 다시는 연락하지 말라고 말한다. 그는 문자를 보낸다. *니가 남긴 사진들 찢어버리는 중이야. 이렇게 귀여운 여자애가 이렇게 좆같은 쌍년으로 자랄 줄 누가 알았겠어?* 그는 세상에 하나밖에 없는 사진들을 없애는 중이다. 원본 필름은 여기와 한국 사이 어딘가에서 없어졌다. 내가 태어난 곳과 나를 연결시켜주는 미미한 고리를 또 하나 잃어버리는 것처럼 느껴진다.

하지만 나는 그의 번호를 차단한다.

우리는 브라이언의 침대에 누워 먼지 붙은 유리잔에 담긴 물을 한 모금씩 게걸스럽게 마시는 중이다. 코카인 기운에 취한 섹스 후에 땀범벅이 되어 헉헉거리면서, 나는 지하실을 둘러본다. 돌과 고독한 하늘과 흐릿한 붉은 색으로 가득한 이상한 우주의 풍경을 그린 그림이 담긴 액자가 우리 위에 걸려 있다. 건너편에는 거대한 캔버스가 벽 하나를 다 차지하고 있다. 파랑, 노랑, 초록으로 구성된 누드화인데, 광적인 붓의 끌어당기고 소용돌이치는 움직임이 복잡한 춤을 만들어낸다. 브라이언의 이젤 중 하나에는 도도해 보이는 여자가 뒤를 돌아보는 초상화가 있는데, 약간 클림트가 떠오르는 그림 속 여자의 장밋빛 이목구비에는 장난기가 서려 있고, 머리카락 모양은 어떤 형태를 암시하는 기하학 무늬 같다. 우리가 만난 이후로 나는 거의 매일 밤을 여기에서 보냈다. 밤새 발작적인 섹스를 하거나 울거나 악몽을 꾼다. 그가 일하러 간 동안 나는 때로 지하실을 걸어 다닌다. 바닥은 차갑게 느껴진다. 나는 알몸으로 걸어 다니며 캔버스를 만지는 걸 좋아한다. 그러지 말아야 한다는 건 알고 있지만, 관람시간 이후의 미술관에 혼자 숨어들어온 기분이다. 브라이언의 일기장을 읽고 있는 것 같다. 그가 그린 초상화 속 인물들과 눈을 맞추며 그 사람들과 브라이언이 어떤 관계인지 생각하길 좋아한다. 그들을 만났다면, 어떻게 만났는지. 왜 그들을 선택했는지.

나는 물을 한 모금 더 마시고 묻는다. "저 여자는 누구야? 돌아보고 있는 사람."

그는 잠시 고개를 든다.

"아, 쟤는 이름도 몰라." 그는 말한다. "채팅방에서 써도 된다면서 셀카를 보내줬어. 그냥 그릴 게 필요해서."

마지막으로 그림을 그린 게 언제인지 묻자 그는 깊은 한숨을 내쉰다. "너무 오래됐지." 그는 말한다. "몇 년 정도 오래."

브라이언이 잠들 생각으로 돌아눕는 동안, 나는 꼬마거미줄 cobwebs이 뒤덮인 칙칙한 천장으로 눈길을 돌린다. 사람들은 꼬마거미줄은 오래되고, 말라 비틀어졌고, 오랫동안 버려져 있던 거미줄이라는 점에서 보통 거미줄 spiderwebs과 다르다고 한다. 이건 사실이 아니다. 둘의 차이는 정교함에 있다. 보통 거미집spiderwebs은 더 우아하고 정밀한 구조인 반면, 꼬마거미집cobwebs은 녹아 내리고 서로 눌러 붙을 것 같은 끈적한 실이 되는대로 엉켜 짜여진 모양이다. 브라이언네 있는 거미줄은 꼬마거미 또는 접시거미들이 만든 것이다.

꼬마거미줄이 있다는 게 거미가 죽었거나 그물을 비웠음을 나타낸다는 미신은 완전히 틀린 것은 아니다. 이렇게 뒤엉킨, 불규칙한 그물을 만드는 거미들은 발이 근질근질하기 마련이다. 새로운 거미집을 만들려고 이미 만든 거미집을 버리곤 한다.

지하실을 둘러보면서, 나는 생각한다. 내가 얼마나 자주 발이 근질근질했었는지. 그런데 이 장소는 브라이언에 대해 무엇을 말해주는 걸까? 반쯤 만든 집. 그는 여기서 혼자 술을 마시며 9년간 살아왔다. 캔버스에는 먼지가 쌓였다. 달리 갈 곳이 없으니 이 장소를 버리기로 작정한 것만 같다.

갑자기 그는 내 팔을 붙잡고는 자기 몸에 두른다. 나는 웃는다.

"여기 누가 외로움 좀 타나보네." 나는 말한다.

그는 끙 하는 소리를 낸다.

"나 여기 있어." 나는 말한다.

그는 끙 하는 소리를 낸다.

나는 그를 향해 몸을 돌리고 그는 내 손목을 당겨 나를 더 가까이, 부드럽지만 분명한 탐욕을 담아 끌어당긴다. 그는 나에게 손으로 목을 감싸달라고 말한다. 너무 조이지는 말고, 느슨한 스카프처럼. 그가 내 팔을 자신의 가슴 가까이 껴안는 사이, 내 웃음소리가 우리를 흔든다.

"어릴 때 이렇게 잠들곤 했어." 그는 말한다. "내 목을 붙잡고 말야. 그러면 잘 자라고 이불을 덮어준 것처럼 느껴졌어. 언제나 이렇게 하고 잤어. 아니면 잠들 수가 없었거든."

"처음 들어보는 소리네." 나는 웃으며 말한다. "너 존나 이상해."

그는 작고 가냘픈 신음소리로만 대답한다. 잠드는 중이다. 그의 숨결은 내가 잠들 때까지 나를 조용히 간질여 준다.

브라이언의 눈은 초록색이고 커다랗다. 속눈썹이 촘촘하고 소의 눈처럼 무거운 눈꺼풀로 덮여 있다. 그의 몸은 마흔 살, 어쩌면 그동안 앞뒤 재지 않고 살면서 몸을 학대한 탓에 더 늙어 버렸을 수도 있지만, 그의 눈은 여전히 소년처럼 호기심에 반짝인다. 그의 입술은 도톰하고 삐죽 튀어나왔는데, 특히 윗입술이 인중과 만나는 부분은 술을 마실 때 분홍빛이 된다. 코는 긴 유선형인데 내가 '구세계의 위엄'이라고 이름 붙였다. 내가 좋아하는 분위기를 드리운다. 오렌지색이 섞인 턱수염은 선이 뚜렷하지 않은 턱을 가려준다. 내가 칭찬을 하면 그는 어깨를 으쓱하면서 웃고, 자신의 얼굴에서 좋아하는 부분이 어디냐고 물으면 아무 대답도 하지 못한다. 특히 술을 마실 때 말이다.

월요일에, 브라이언이 전화를 걸어 왔다. 레스토랑에서 쓸 돼지 허릿살을 사러 고향인 디케이터에 들릴 계획이라고 한다. 거기에 정육 시장이 있는데 특별 할인 행사를 하고 있고, 메이컨 카운티Macon County는 소비세가 더 적다고 말한다. 그는 나에게 같이 갈 생각이 있느냐고, 주말 여행으로 가면 어떻겠냐고 묻는다. 단골 가게들도 들르고, 오랜 친구들도 몇몇 만나자고. 옷을 고르는 데 시간이 꽤 걸린다. 나는 이 사람을 그다지 잘 알지 못한다. 하지만 그것보다 중요한 건, 그는 나를 잘 알지 못한다. 이건 내가 '좋아할 만한 사람'이 될 기회, 발톱을 세워 한껏 파고들 기회다. 다양한 성격과 특징이 뒤섞여 있는 가방을 열어 분장 놀이를 할 기회. 조증의 파도를 탈 기회. 나는 독특하고 이상하고 약간 자극적인 사람을 입어본다. 나는 변덕스러운 멍청이를 입어본다. 조용한 현자를 입어본다. 보호구역으로 지정된 숲에 들어갈 거란 얘기를 들고 얇은 레이온 재질 드레스를 고른다. 너덜너덜한 토트백에 갈아입을 옷을 대충 넣고 세 시간 동안 남쪽으로 가기 위해 그의 차에 몸을 싣는다. 벌새의 리듬으로 라디오 주파수를 바꾼다. 창문을 끝까지 내리고 머리를 창밖으로 내밀어 열린 공간을 들이마시고 마치 이게 세상에서 가장 신나는 일인 것처럼 옥수수밭을 바라본다. 그는 이 모든 게 웃기다고 생각하고, 내가 유도한 말을 하기까지 한다. "와, 옥수수 때문에 이렇게 신나하는 사람은 처음 봐." 나는 긴 사기극의 결말에 손쉽게 다다라 자신만만한 표정으로 앉아 있다. 나는 누군가가 사랑할 수 있는 사람이다.

하지만 진실은 그렇게 다르지 않다. 어쩌면 옥수수나 콩 때문이 아니다. 어쩌면 디케이터의 역사에 대한 브라이언의 늘어지는 내레이션 때문도 아니다 – "여기가 한때는 잘나가는 석탄 채굴지였어.", "그리고 일리노이주의 주도가 될 거였지." – 어쩌면 숨막히는 파란 하늘이나 차를 툭툭 건드리는 바람의 압력도, 건초 냄새도, 대시보드에 펼쳐진 딱딱하고 빛바랜 오래된 지도도, 어쩌면 같은 모퉁이에 오십 년째 비틀거리고 서 있는, 한 가족이 운영하는 가게들도 아니다 – "저기 저게 내가 고등학교 때 대부분의 시간을 보낸 씬 크러스트 피자 가게야." – 하지만 지금 뭔가 숨이 멎을 정도로 놀라운 일이 일어나고 있다. 어떤 사람들은 평생 한 번도 경험하지 못하는, 비극 이후의 순간이다. 준비가 되어 있지 않으면 그 순간은 당신을 먼지가루로 만들어버릴 것이다. 그 순간은 마치 새 아침을 향해 활짝 열린 창문과 같다. 마치 훌쩍 새로운 곳으로 데려다 놓은 것 같다. 마치 필요한 모든 것이 있는 세계에 떨어진 것 같다. 그건 옥수수밭을 보고 진심으로 아름답다고 말하는 순간이다. 세상을 이렇게 본 적이 없어서, 새로움이 더 이상 공포가 아니라 오히려 희망을 불러일으키기 때문에. 소개팅에 나가서 자기 자신을 만나게 된 것처럼 갑자기 정신을 차리게 된다. 더 이상 파멸이나 두려움이나 죄책감 없는, 대가를 치르지 않아도 되는 기쁨을 느끼는 첫 순간에, 신의 숨결처럼 당신 안으로 밀려들어오는, 거대하고 무심한 삶 자체의 굉장한 존재에 자신을 열어젖힌다.

일리노이주 디케이터에 위치한 스코빌 동물원에는 이가 빠진 치타 한 마리가 있다. 철조망으로 둘러싸인 공원 가장자리를 따라서는 늑대들이 다니는 길이 있다. 브라이언은 동물원에서 몇 마일밖에 떨어지지 않은 집에서 자라던 때에 대해 들려준다. 온갖 야생동물들이 울타리를 뛰어넘거나 아래로 굴을 파고 나와서는 그의 뒷마당에 나타났다고 한다. 몇 달마다 그의 어머니는 전화기 줄을 손목에 감은 채 부엌 창문 너머로 보이는 풍경을 걱정스러운 눈으로 훑으며 동물원에 전화를 걸어 있지 말아야 할 곳에 공작새나 늑대가 있다고 말하곤 했다. 나는 시리얼이 눅눅해지는 동안, 쨍쨍 내리쬐는 햇빛이 반사되어 반짝이는 눈을 하고, 동물원 사육사가 와서 야생 침입자를 데려갈 때까지 집 안에 가만히 있으라고 하는 엄마의 말에 시무룩해하는, *저 바깥에* 거대한 세계가 있다는 걸 아는 어린 소년 브라이언을 상상한다. 그가 처음으로 술을 마시거나 코카인을 흡입하거나 전당포에서 나서기 전, 그 부엌에 앉아 있는 그를, 마법의 건너편에 사는 어린 소년을 상상한다.

나는 브라이언이 보노보 원숭이에게 다가가 낮고 허스키한 목소리로 우- 우- 소리 내는 걸 지켜본다. 그는 따스함이 묻어나는 태도로, 원숭이들이 볼 수 있도록 손을 낮춰 펼친다. 보노보들은 우- 우- 하고 답한다. 만질 수 있는 동물들이 사는 구역에서, 브라이언은 아기 염소와 장난스러운 싸움을 한다. 손가락 마디를 머리에 맞대다가 보상으로 턱을 간지럽힌다. 그는 이 동물들과 직관적으로 연결되어 있는 것 같다. 같은 평화로운 주파수에 있는 것처럼.

그는 이 동물원이 1960년대에 교육 목적 농장으로 시작했는데 좀더 이국적인 동물들과 교육받은 직원들을 영입하면서 호황을 누리는 관광지로 빠르게 변화했다고 설명한다. 지원금이 줄어들기 시작하자, 동물원은 하락세로 접어들었다. 많은 동물들은 형편이 나은 곳으로 옮겨졌고, 일부는 죽었다.

이런 역사 이야기는 나에게 와닿지 않는다. 나는 짹짹, 푸드덕푸드덕, 타닥타닥 거리는 움직임과 냄새와 반사되는 빛에 정신이 팔려 있다. 하지만 브라이언이 길게, 생각에 잠긴 한숨을 내쉬는 건 눈치챈다. 그는 말한다. "예전 같지 않아."

우리는 에뮤가 목을 구부려 깃털을 정돈하는 걸 지켜본다. "으악, 저거 진짜 싫어." 나는 말한다. "좀 무서워. 그리고 못생겼어."

브라이언의 눈길이 부드럽고 촉촉해진다. "아파 보여." 그는 말한다.

나는 남자친구와 동물원에 가본 적이 없다. 나는 샴페인에 취해 홀리데이 인 호텔 침대에 뻗어 본 적이 없다. 이제까지 한 번도 꼴린 적이 없었던 것처럼 느껴진다. 나는 낮에 선글라스를 쓰고 3성급 호텔의 브렉퍼스트 바를 어슬렁거리면서 미지근하고 미끌거리는 포도에 앉은 날파리를 쫓아본 적이 없다. 로맨틱한 여행인지는 모르겠지만 평생 기억에 남을 만큼 끝내주는 시간을 보내고 있다는 건 안다. 브라이언은 자신의 소박한 주말여행 계획에 때로 부끄러워하는 것 같지만.

이것이 이주민으로서 내가 갈망하는 나른하고 슬픈 아메리카의 조각이다. 생활감이 느껴지는 다른 사람의 집에서 자는 것, 아무도 원하지 않는 값싼 부동산, 동네에 *하나뿐인데* 맛있지도 않은 중국 음식점, 씬 크러스트 피자집, 낡아서 꺼진 네온사인, 늪지대에서 질병처럼 떠오르는 25센트짜리 동전 크기의 모기들을 지나 차를 모는 것 말이다.

디케이터에서 보내는 마지막 날 밤, 우리는 호텔방에서 부스러지는 햄버거를 먹는다. 그는 나에게 기분이 어떠냐고 물어보고 나는 진실을 말한다.

내 스물네 번째 생일에, 폴리는 나에게 콜스Kohl's♣ 기프트 카드를 준다. 나는 콜스에 한 번도 가본 적이 없다.

    단정한 검은색과 회색 드레스, 크림색 시폰 블라우스, 편안한 저지 니트로 채워진 옷걸이를 살펴보면서, 나는 폴리가 어떤 류의 여자와 섹스하고 싶은지 알아차린다. 그녀는 폴리의 가족처럼 보수적인 로마 가톨릭 교인 가정에서 자랐다. 특별한 날이면 할머니에게서 물려받은 미트볼 레시피를 선보이지만, 한번에 미트볼을 한 개 이상 먹을 생각을 하진 않는다. 그녀는 부탁을 받기 전에, 왜 필요한지 묻지 않고 폴리에게 처방된 약을 받아온다. 그녀는 매일 균형 잡힌 1,200 칼로리를 섭취하고 일주일에 세 번 철저히 유산소 운동을 한다. 그녀는 절대로 말을 받아치거나 문을 쾅 닫거나 짐을 싸서 나가지 않는다. 그녀는 허리까지 오는 깔

♣콜스: 미국의 백화점 체인 기업._역주

끔한 갈색 머리를 하고 있고 지난 6년간 운 적이 없다. 그녀는 오르가슴을 느끼고 싶어하지도 않는다.

나는 내가 가지고 싶은 걸 찾지 못한다. 나는 결국 폴리에게 줄 시계를 산다.

첫 데이트 후에 어떻게 폴리와 내가 침대로 갔는지는 잘 기억나지 않는다. 날 떠난 적 없는, 파고드는 듯한 외로움에서 그의 품으로 떨어졌다는 걸 기억한다. 내가 기억하는 건, 나는 매 순간 너무나 외로웠고 나 자신으로부터 소외감을 느끼고 있었다는 것. 그것은 기억이라기 보다 장소처럼 느껴진다. 지금도 나의 일부가 떠돌아다니는 *안개 낀 장소*. 흰색과 베이지색과 회색, 폴리의 연립주택처럼 무색인 곳. 이 장소의 흐릿한 공기는 모든 살아있는 소리를 숨죽인 싸움으로, 모든 손길을 축축한 침범으로 만든다. 나는 그의 화가 어떻게 고조되는지 기억하지 못한다. 사건이 전개된 순서를 기억하지 못한다. 내가 그의 가슴을 만지자 나를 홱 잡아당겼던 걸 기억한다. 그는 이를 딱딱 부딪히며 말하곤 했다. "심장은 안 돼. 거기 만질 생각하지 마."

내가 스물 다섯이 되기 일주일 전, 브라이언이 나에게 생일에 뭘 하고 싶냐고 물어볼 때 우리는 침대에 누워 있다. 나는 울음을 터뜨리며 "모르겠어."라고 말한다. 이 질문에 대답한 적이 한 번도 없는 것 같다. 그는 뒤에서 나를 안으며 자신의 얼굴을 내 얼굴에 포갠다. 그의 부드러운 모랫빛 머리가 내 눈 위로 드리운다. 나는 손가락으로 시트를 움켜쥔다. 나는 말한다. "그게 왜 중요한데." 나는 말한다. "생일에는 기분이 안 좋아. 크리스마스에도 기분 좋아야 하는 거니까 그러려고 노력하지만 매번 기분이 안 좋아." 이 이상으로 잘 표현하지는 못하지만 브라이언은 나에게 명쾌한 설명을 요구하지 않는다. 그는 나를 가라앉은 어둠 속에서 껴안고 있다. 달빛이 블라인드 사이로 조각나 들어오고 나는 말한다. "그림자가 몬드리안 그림 같아, 그치." 그는 잠들고 있다. 나는 한 번 더 말한다. "그림자가 몬드리안 그림 같아, 그치." 그는 말한다. "너랑 같이 깨어 있으려고 하고 있어." 나는 희망하기를 미루려고 하는 중이다. 나는 그의 머리카락을 손가락으로 빗어 내리며 혼잣말로 무엇이 진짜이고 무엇이 진짜가 아닌지 중얼거리고 있다. 진짜인 것: 이 머리카락, 이 목, 이 짧은 수염, 이 바닥에 있는 매트리스, 이 니코틴 얼룩, 이 배고픔, 이 가라앉음, 이 몸, 그의 몸, 그가 잠에 빠지는 동안 날 물어뜯는 이 외로움과 불안. 진짜가 아닌 것: 내일, 그리고 내일 안에 있는 모든 것.

닥터 클레어가 내 어깨에 손을 올리며 말한다. "지금 어려운 시기를 지나고 계세요. 그렇지만 지나갈 거에요." 우리는 한 시간쯤 전에 만났고 상담 도입용 질문을 하는 동안 그녀는 약간 지나치게 날것인 무언가를 건드렸다. 나는 그녀에게 내 세션이 끝날 시간인 것 같다고 말하고 그녀는 그건 자신이 걱정할 일이라고 한다. 나는 너무 세게 울고 있어서 숨을 쉬기 어렵다. "왜 멈추질 못하죠?" 나는 묻고 그녀는 말한다. "깊이, 천천히 숨 쉬려고 해보세요." 하지만 나는 할 수 없다. "왜 못 멈추는 거죠." 나는 말한다. "아, 정말 너무해요, 왜 이래야 하냐구요, 왜 왜 왜."

"방 안에서 보이는 걸 하나 말해주세요." 닥터 클레어는 말한다. "해보실 수 있어요?"

"카페트요. 회색이에요."

"좋아요." 그녀는 말한다. "이제 세 가지 더 말해보세요."

"불빛이요. 따뜻해요. 오렌지색이구요. 달력. 바깥이 어둑어둑해지고 있어요."

"피부로 느껴지는 것이나 몸 안에서 느껴지는 것 세 가지는 어때요? 예를 들어 지금 배고프다거나, 허리가 아픈가요? 그게 좋은지 나쁜지에 대해서는 판단하지 않아요. 그냥 느낌에 이름을 붙여 보세요."

심장은 빨리 뛰고 있지만 이제 박동이 느려지고 있다. "손이 차갑고 부어 있어요. 옷이 끼는 것 같아요."

"아주 좋아요." 그녀는 말한다. "그럼 이제 들리는 것 두 가지요."

"시계가 똑딱이는 소리가 들려요. 제 발. 바다을 탁탁 치고 있어요." 나는 말한다.

나는 우리의 허리의 움직임과 내 목 뒤편을 스치는 머리카락과 날 고리처럼 감싸고 있는 브라이언의 팔의 안전한 구속을 느낄 수 있다. 뜨겁게 내뱉는 아침 입김과 라텍스 냄새가 난다. 비 맞은 콘크리트 냄새도. 창문이 열려 있다. 나는 내 입이 포르노에서 배운 것 같은 소리를 내는 걸 듣는다. 나는 솔직해지는 것과 알몸으로 있는 걸 동시에 하는 방법을 여전히 모른다.

나는 브라이언의 손이 침대를 붙잡고 있는 걸 본다. 손의 털들이 슬픔으로 미끄러운 것을. 내가 얼마나 오랫동안 울고 있었는지 모르겠고 그도 모른다.

레스토랑 일이 브라이언의 시간을 대부분 먹어치우지만 보통 일요일에는 손님이 너무 없어서 일찍 집에 온다. 일요일은 정오부터 자정까지 술을 마시는 지독한 알콜중독자들을 위한 날이다. 만날 가족이 없는 사람들. 우리는 내일 동네의 화려한 구역에 있는 프랑스 식당에서 생일 기념 저녁식사를 할 계획이지만 그는 오늘도 무언가를 해주고 싶어한다. 그가 부엌에서 쿵쾅거리는 동안 나는 채널을 돌리고 있다. 뭐하고 있냐고 물어보지만 뜨거운 무쇠팬이 화난 듯 지글거리는 소리, 거품기가 그릇을 긁는 소리에 내 목소리가 묻혀서 그는 듣지 못한다. 나는 소파 가장자리에 아슬아슬하게 앉아, 발볼에 무게를 싣고 앉아 있다. 손톱으로 리모컨을, 쿠션을, 허벅지를 찍어내리고 있다. 편안히 있는 법을 모르겠다. 아무도 나에게 이렇게 해준 적이 없다. 그는 타원형 자기 그릇을 내 앞에 내려놓는다.

"여기 양파-할라페뇨 마멀레이드랑 스테이크야." 그는 말한다. "그리고 옆에는 데친 야채랑 판체타를 곁들여 구운 붉은 감자."

내가 말없이 그릇을 내려다보는 동안 그는 나에게 포크와 나이프를 건넨다. 그는 말한다. "이번 주 내내 이거 준비했어. 판체타가 너무 익지 않았어야 하는데. 스테이크 보는 사이 좀 탔을지도 몰라. 감자 덜 익었으면 미안해, 내가 잘 다루는 재료는 아니어서."

나는 몸을 반으로 접는다.

그는 나의 힘 빠진 손으로부터 스테이크 나이프를 빼내고 내 옆에 자리를 잡는다. 나는 울고 있다.

나는 "*미안해*라니 그게 무슨 말이야."라고 말한다.

은행에서 줄을 서 있거나 개들을 산책시키거나 텔레비전을 켜고 집에 앉아 있을 때 작은 소리나 움직임이 나를 건드린다. 때로 나를 돌진하게 만드는 건 침묵일 때도 있고, 때로는 폴리를 연상시키는 무언가에 대한 언급일 때도 있다. 나는 안개 속에 빠진다. 내 발 밑에 있던 뚜껑문이 열리고 나는 차갑고 습한 정적에 대롱대롱 매달리게 된다. 몸이 *무언가*에 부딪혀 나가떨어질 때까지 나는 나 자신을 잃어버린다. 두개골을 강타하는 주먹. 다 갈라진 목으로 내지르는 쇳소리, 비참한 비명. 베개의 숨막히는 압력, 관절이 오그라드는 긴장. 폭력은 내가 몸으로 되돌아가는 길을 새겨놓았다.

하지만 이제는 브라이언이 집에 오는 중이다. 그는 나를 안아 나 자신으로부터 보호해줄 것이다. 그는 물을 한 잔 따르고 저녁을 만들기 위해 부엌 싱크대에서 손을 씻을 것이다. 내가 쳐다보고 있는 게 느껴지면, 우스꽝스러운 표정으로 얼굴을 일그러뜨릴 것이다. 그는 물을 것이다. "요리하는 동안 괜찮겠어?"

수년간의 흡연, 다년간의 텍사스 생활, 그리고 디케이터에서의 어린 시절로 인해 모서리가 둥글게 깎이고 늘어지고 뭉개진, 그리고 평생 가지고 살아온 약간의 언어장애로 빚어진 브라이언의 목소리에는 햇살 같은 어떤 따스함이 있다. 브라이언의 부모님은 언어 치료로 장애를 고쳐보려고 했지만 브라이언에게 그 치료 경험은 불편한 감정들로만 남아있다. 수치심, 자신이 부족하다는 느낌, 조용히 빨개지는 얼굴. 지금도 그는 *wash*를 *warsh*라고 발음하고 이것에 대해 지적받는 걸 싫어한다.

수업을 마치고 친구 집에 들렀다가 집으로 돌아오자 〈골동품 로드쇼〉를 연속상영으로 보고 있는 소리가 나를 맞이한다. 브라이언은 죽은 사람들의 물건을 보며 신나 하고 그의 것이 아닌 추억에 대해 향수를 느낀다. 그는 고개를 저으며 "이제까지 차고에 재스퍼 존슨Jasper Johnson 작품을 그냥 내버려두고 있었다고?"

라고 말하곤 앤디 워홀Andy Warhol의 팩토리에서 일했던 어릴 적 친구 이야기를 다시 꺼낼 것이다. 그 사람은 앤디의 판화를 다락에 잔뜩 놔두고 있었다고 한다. 그는 이 이야기를 꺼낼 기회를 절대 놓치지 않고, 고대의 지도를 조심스럽게 펴듯, 익숙한 윤곽을 따라 조심스럽게 이야기를 펼친다. 후대에 전달할 우화가 하나 남은 죽어가는 예언자가 할 법한 진지함으로 그 이야기를 오래 한다. 그가 계속 케케묵은 낡은 물건들에 애착을 갖는 건 바로 그 때문이다. 왜 낡은 물건을 버리지 않는지 묻게 될 때, 그가 말하지 않아도 나는 그 이유를 알고 있다.

클레어 선생님은 나에게 느낌이나 에너지를 시계나 메트로놈의 무게추로 상상해보라고 말한다. 오래된 트라우마는 우리 몸에게 긴장을 늦추지 않도록 가르친다. 무게추는 한쪽 끝에서 반대편으로 난폭하게 흔들린다. 마음이 완전히 황폐해진 절망에서부터 소리치는 환희로. 17시간을 내리 자는 것에서 크렉스리스트로 만난 사람과 원나잇을 하고 상점에서 좀도둑질을 하는 것으로. 도피에서 투쟁으로.

이 상담의 주요한 목표는 이런 극단을 오가지 않으면서도 감정을 저버리지 않는 방법을 내게 가르쳐주는 것이다. 나의 메트로놈을 적당한 박자에 맞추고, 어려운 상황에 처할 때에 이성을 잃지 않고, 적절한 양의 에너지로 대응하도록 하는 것 말이다. 간단히 말해 나는 *존나 침착해져야 한다*.

클레어 선생님은 하루 중 언제든지 이걸 연습할 수 있다고 한다. 시각이나 촉각, 후각, 아무튼 감각하는 것 네 가지 말하기. 그 다음에는 세 가지, 그 다음에는 두 가지, 그 다음에는 한 가지. 이것을 중심잡기 연습이라고 한다. 그녀는 이건 내가 완전히 괜찮다고 느끼고 있을 때도 할 수 있고 그렇게 하는 것이 좋은 영향을 줄 거라고 한다. 감정이 격해졌을 때라면 가라앉히는 데에도 좋은 도구가 될 거라고 말이다. 그건 분노로 가득 차서 내가 팽팽 돌고 있을 때 나를 다시 내 삶의 운전석에 데려다 놓을 것이다. 물건을 마구 집어 던지고 부수고 싶을 때. 주차된 차를 어딘지도 모르는 장소로 휙 몰고 가려는 충동을 느낄 때.

상담치료를 몇 차례 받고 나서, 서류에 문제가 있다는 걸 알게 된다. 내 보험은 상담치료 적용이 안 된다고 한다. 브라이언과 나는 메디케이드Medicaid♣를 받을 자격이 없지만 사보험을 구입할 여력도 없다. 우리에겐 상담치료비와 월세, 둘 다 낼 돈은 없다.

♣메디케이드: 미국의 사회보장법에 근거하여 저소득층에 대해 연방정부와 주정부가 공동으로 의료비를 지원하는 제도._역주

내가 그를 데려가려고 경찰서에 도착했을 때, 브라이언은 유치장 안에 있는 접이식 침대 위에서 가부좌를 틀고 앉아 씩씩거리고 있다. 이렇게 악에 받쳐서 명상하는 사람은 처음 본다.

이 순간, 나는 그를 완전히 혐오한다. 분에 못 이겨 헤어지고 나서 길바닥에 상대방의 옷을 버려놓은 것처럼 그의 모든 위선과 모순이 펼쳐져 있는 이 순간. 나는 그가 이런 모습인 걸 볼 필요가 없다. 너무 쪽팔려서 고통스러울 지경이다. 좆같은 슈퍼맨 티셔츠를 입고 가부좌라니. 집으로 가는 길, 손가락 마디가 하얗게 될 정도로 운전대를 꽉 쥐고 나는 티베트식 기도 깃발과 종이가 놓인 우리 집의 싸구려 제단을, 일상 대화에서 '나마스테'라고 하는 그의 백인스러운 습관을, 간편하게 교의를 취사선택하는 방식을, 불교의 무소유 법칙을 말하면서 강박적으로 물건을 쌓아두는 모순에 대해 생각한다. 새벽 4시에 술에 절은 난동꾼들을 모아놓는 유치장으로 그를 데리러 가자, 사지 멀쩡하고 아무런 전과도 남지 않았는데도 삐뚤빼뚤한 노란 이빨 사이로 "와인 한 잔밖에 안 마셨어." 같은 개소리를 하면서 자기가 피해자라고 호소하는 이 백인 새끼. 숨쉴 때마다 술 냄새를 풍기고 혀에 벽돌이라도 묶인 것처럼 발음을 꼬고 있으면서 "경찰국가"에 대해 불평하는 새끼. 똑바로 걷지도 못하고, 나와 눈을 마주치지도 못하고, "고마워"는커녕 "미안해"도 말하지 못하면서 파시스트 새끼들이 자길 잡으려고 작정했다고 주구장창 주장하고 있다.

씨발 모든 경찰이 개새끼인 거 나도 아는데 제발 입 좀 닥쳐.

공동의존을 보이는 사람은 어떻게 시간을 잴까?

매 시는 *지금 어디야* 시이다. 그리고 당신이 끌리는 사람들은 정확히 이런 질문을 불러일으키는 사람들이곤 하다. 끌림과 습관 강화의 강력한 사이클. 그래서 그날 밤, 함께 살기 시작한 지 몇 달이 지난 시점에 내가 브라이언에게 *지금 어디야*라고 문자를 보냈을 때, 그가 *경찰차 안 잠깐만*이라고 답장한 건 놀랍지도 않다. 좆같은 새끼가 경찰차 뒷자석에서 수갑을 차고서도 어디 있는지 알려준다고 몰래 문자를 치고 있다.

씨발, 이게 말이 되냐고.

브라이언의 나른한 남부식 억양은 그가 술에 취하면 평소 말투를 부수고 넘어온다. 법정에서, 브라이언을 체포한 경찰관은 지루함에 절여진 몸짓으로 증인석에 서서 몸을 앞으로 기울인 채 마이크에 대고 이렇게 말한다. 피고인이 웅얼거리며 말하는 걸 보고 음주 상태라고 판단했습니다. 일 년 뒤, 브라이언이 나에게 거짓말을 할 때 나는 이 표현을 떠올릴 것이다. "취한 게 아니라, 그냥 오늘 너무 피곤했어." 그는 말할 것이다. "그냥 와인 한 잔만 마셨어." 그는 말할 것이다. 그렇게 웅얼거리면서 집에 온 게 몇 번이나 되지? 나는 그걸 몇 번이나 그냥 넘겼던 거지? 몇 번이나 그 억지스러운 거짓말을 듣고 체념했던 거지? 그래서 나는 집 안을 쾅쾅거리고 돌아다니며 진실을 말하라고 요구한다. "넌 날 바보로 만들었어."라고 소리치며. "어떻게 내 얼굴에 대고 거짓말을 할 수 있어?"라고 소리치며. "네가 하는 말은 하나도 믿을 수가 없어!"라고 소리치며. 내 가위가 그의 캔버스를 관통하며 찢는 소리가 들린다. 내가 발을 구르고 찢고 던지는 동안 귓속에서 맥박이 뛰는 소리가 들릴 것이다. 목재 액자가 벽에 부딪혀 조각나면서 내 피부에 가시가 박힐 것이다.

"내가 그렇게 싫어?" 그는 꿀처럼, 당밀처럼, 타르처럼 느린 혀로 물을 것이다.

"니가 이러고도 아티스트야?" 나는 말한다. "그러면 더 만들

든가." 그동안 삼켜온 못난 마음이란 마음은 전부 다 산성 물질의 홍수처럼 방 안에서 터질 것이다. 모든 가혹한 진실을.

공동의존을 보이는 사람은 어떻게 시간을 잴까? 나는 친구 본의 집에 있고 우리는 그녀의 룸메이트 테라와 본의 남자친구 다니엘과 카드게임을 하는 중이다. 본은 테이블의 머리맡에 앉아 손에 든 카드를 쳐다보고 있다. 무표정하게 셀카를 찍을 때처럼 흐트러짐 없는 눈길로, 마치 누가 언제든지 사진을 찍을지도 모르는 것처럼. 말끔한 립스틱. 스타일리시한 파란 머리칼. 찌를 듯 날카로운 아이라인. 다니엘은 충동적으로, 마치 카드에 불이라도 붙은 것처럼 패를 탁 탁 내려놓는다. 그는 카드게임을 하려고 그 자리에 있는 게 아니라, 농담을 하고 본이 듣기 지겹다는 표정으로 눈을 굴리게 만들려고 거기에 있다. 테라와 나는 그 둘이 말다툼을 하거나 키스를 할 때 불편한 표정으로 서로를 쳐다본다. 우리는 다니엘이 시답잖은 농담을 해서 본이 그에게 핀잔을 줄 때마다 웃는다.

    브라이언이 세 시간째 문자를 하지 않고 있지만 나는 좀 여유를 가지고 그냥 놀게 놔두는 게 좋지 않을까 한다. 그는 오픈마이크에서 베이스를 치고 오랜 친구들을 몇몇 만나는 중이다. 나는 이걸 소리 내어 말하는 자신을 발견한다. "브라이언은 요새 베이스도 치고, 친구들도 만나고, 그림도 다시 그리고 있어. 난 그 사람이 자랑스러워." 아무도 묻지 않았는데 이렇게 소리 내서 말하고 있다. 우리는 테이블에 둘러앉아 카드 게임을 하고 있지만 나는 계속 핸드폰을 확인한다. 나는 침착하려고 노력하고 있다. *뭐가 느껴지지, 뭐가 보이지, 뭐가 들리지.* 나는 옳은 일을 하고 있다. 남자친구에게 숨 쉴 틈을 주고 있다. 중심잡기 연습을 하고 있다. 방은 반짝이는 크리스마스 전등으로 따뜻하다. 내 손은 축축하다. 뱃속이 꼬여 있는 느낌이다. 본의 고양이가 내 다리를 스친다. 내 옷이 가슴과 팔에 들러붙어 있다. "야, 괜찮을 거야. 그 새끼 걱정하지 말고 그냥 즐겨." 본은 웃으면서 말하지만 얼굴이 약간 움찔거린다.

대마초와 맥주 냄새가 난다. 카드를 섞는 소리가 들린다. 모두의 이빨이, 태풍으로 열린 창문의 블라인드처럼 거친 웃음소리에 맞춰 딱딱거리는 것을 본다.

브라이언에게서 답장을 받지 못한 지 네 시간 째. "그냥 자기 인생 살라고 놔둬야겠지." 나는 말한다. 아무도 물어보지 않았다. 두 손이 떨린다. 나는 말한다. "야, 있잖아, 나 잠깐 그 사람한테 전화하고 올게." 내 친구들은 모두 이 말을 듣고 웃는다. 우리의 불안은 되풀이되는 개그, 우리끼리 하는 농담의 주요한 소재다. 그게 우리가 살아가는 방식이다. 전화 수신음이 울리고 또 울리고 아무도 받지 않는 동안 나는 복도를 서성이며 전화를 다시 걸고 다시 걸고 계속해서 자동응답기로 넘어가서 오픈마이크 행사장이 시끄러운가 보다 하지만 시계를 보니 오픈마이크가 끝나고도 한참 지난 시간이다. 나는 전화를 걸고 또 걸고 본은 클로노핀을 하나 건네주고 나는 다리를 떨면서 손톱으로 손바닥을 찍어 누르는 중인데 드디어 내 전화기가 울린다.

그가 뭐라고 하는 건지 알아듣지도 못하겠다. 웅얼거리는 혀. 주차장이 어쩌구 하는 말. 플럼 그로브에 있는 세븐일레븐. 나는 그의 토사물이 아스팔트에 떨어지는 소리를 듣는다.

얼굴로 피가 몰린다. "씨발, 거기 가만히 있어." 나는 말한다. "움직이지 말고, 운전하지 말고, 그냥 있어." 친구들이 공감하는 한숨 소리를 내는 사이 나는 클로노핀을 씹으면서 내 물건을 챙겨서 문밖으로 달려나간다. 라디오에서 쓸데없이 반짝이는 팝송이 흘러나오는 동안 고속도로를 달리고 대시보드를 주먹으로 내리친다. 고함소리는 로켓처럼, 목을 긁으며 터져 나온다. 모든 걸 찢어버리면서. *안 울거야. 안 울거야. 너 때문에 안 울어, 쎄발놈아.*

메리는 내가 아는 사람들 중 가장 키가 크고, 가장 금발이고, 가장 건강한 사람이다. 그녀는 공인자격증이 있는 용접공이었다. 그녀는 엄마이다. 학생이다. 시인이다. 그녀는 온몸으로 웃고 그녀의 손은 길게 뻗은 선과 단단한 매듭으로 이루어진 것 같다. 그녀는 솔방울, 날씨, 책과 영화, 색과 맛과 라벤더 향에 깊이 감명받는다. 그녀의 주근깨투성이 분홍색 피부는 온갖 타투로 뒤덮여 있고 그녀는 그 모든 타투가 무슨 의미인지를 아는 유일한 사람이다. 그녀가 울 때는, 내가 상상하기에, 울음이 조용히, 쓸쓸하게 터져나올 것이다. 그녀는 적어도 열두 개쯤 되는 이메일 주소를 가지고 있고, 각각의 ID는 quietclocks나 blisswindow처럼 서로 비슷하게 의미를 알 수 없는 것들이다. 그녀는 파악하기 어렵고, 꾀가 많고, *온갖 사건사고를 겪어본* 사람 특유의 방식으로 당신과 어디에든 함께하지만 동시에 어쩐 이유에서인지 어디에서도 찾기 힘들다.

메리는 자신의 어린 시절이나 남편에 대해서나 오늘 하루가 어땠는지는 좆도 말해주지 않지만, DM(SNS 메시지)으로 밈 meme(유행어)이나, 릴케 인용문이나, 당신을 떠올리게 했다는 그림을 보내서 일주일 내내 그녀가 가까이 있다는 것을 기억하게 만드는 사람이다. 그녀는 집안 사정이 좀 진정될 때까지 우리 집 소파에서 자도 된다는 제안은 절대 받아들이지 않으면서 당신이 크리스마스 전에 자살하는 걸 막기 위해 모든 걸 내던지고 미국 중서부 지역의 미끄러운 얼음을 건너오는 사람이다.

그래서 여기 메리가 온다. 단단한 호두 같은 주먹으로 문을 두드리며, 지푸라기 색 머리카락은 온통 바람에 날려 새집이 된 채. 나는 브라이언의 어머니네 집 위층에 있는 거실에서, 나쁜 것들이 쏟아져 나오지 않도록 어깨를 웅크리고 이를 악물고 있다. 메리는 바람처럼 들어온다. 개들은 그녀 주위를 빙빙 돌고, 눈이 커다래져서 컹컹 짖는다. 그녀는 바닥을 가로질러 나에게 와서는 말한다. "야, 오랜만이야."

나는 브라이언의 어머니가 저녁마다 텔레비전을 볼 때 쓰는 의자에서 가라앉고 있다. 축 늘어진 사지를 움직일 수 있는지 확인하는 동안 내 무릎은 서로 맞부딪힌다. 메리는 수다를 떨고 있고 무슨 얘길 하고 있는지 모르겠지만 지금 일어나고 있는 커다랗고 나쁜 일에 대해 말하고 있는 건 아니다. 모든 게 괜찮다는 듯 그저 그 길고 튼튼한 다리로 서 있을 뿐이다. "학교는 어때?" 그녀는 묻는다. "브라이언은 언제 집에 와? 한 번 만나보고 싶은데." 그녀는 허리를 굽혀 쉴새 없이 짖는 개들을 진정시킨다. 나는 브라이언에 대해, 얼마나 오랫동안 그와 같이 지내고 있는지 이야기한다. 그의 엄마와 계부가 매년 겨울 플로리다에 내려가고 그가 집을 봐주면서 개들을 돌봐준다는 걸. 그는 매년 겨울 우울증이 심해지고 부모님이 떠나면 혼자 있지 않아도 되도록 같이 있어달라고 나에게 애원하다시피 했다는 걸. 그녀는 말한다. "오, 월세는 공짜네." 우리는 웃지만 이 상황에는 꼭 말로 할 필요는 없는 것들이 있다.

메리는 이 집에 대해 이야기하고 있다. 집이 얼마나 넓고, 탁 트인 느낌인지, 창문도 진짜 크고, 뒷마당이 호수를 향해 멋진 풍경으로 펼쳐져서 좋다고 한다. 그녀는 말한다. "별거 아니야, 애는 자고 있으니까 다음 타자가 올 때까지 여기 있을 수 있어." 나는 문자 메시지를 지우고 있다. 내가 내뱉은 온갖 폭발적이고, 자기파괴적인 말들을, 그리고 그걸 얼마나 많은 사람들에게 보냈는지 기억하고 싶지 않다. 한창 바쁜 저녁 식사 시간 동안 브라이언이 주문을 처리하는 사이사이에 보낸 애원하는, 다급한 답장들을 기억하고 싶지 않다. 나 자신을 바라보고 싶지 않다.

그리고 이제 이 상황이 정상적인 것처럼 느껴지기 시작했다. 메리와 내가 그냥 시간을 보내고 있는 두 명의 친구인 것처럼. 내가 평생 한 번도 울어본 적이 없는 것처럼. 내가 충분히 수분을 섭취했고 한 번도 강간당한 적이 없는 것처럼.

하지만 브라이언이 드디어 일을 마치고 집 앞에 차를 주차하고 나자 계속해서 그런 척을 하기가 어렵다. 그는 급하게 문을 쾅 닫고 시트콤에 깜짝 등장한 인물처럼 집 안으로 미끄러져 들어온다. 약간의 맥주 냄새를 풍기면서, 눈은 가장자리가 빨갛게 충혈되어 있고 가슴은 숨쉴 때마다 들썩인다. 그는 메리를 보고, 나를 보더니 말한다. "너 괜찮아? 다 괜찮은 거야?" 우리 모두는 괜찮지 않다는 걸 알지만 나는 대답할 수 없다. 말하기 시작하면 나쁜 것들이 흘러 넘칠 거라서 아무 말도 할 수 없다. 나는 소리 없이 고개를 끄덕이지만 이제 울음이 다시 터지려고 하고 나는 울음을 참는다.

"난 집에 가야겠어." 메리는 말한다. 그녀는 돌아서서 나를 마주하고 우리는 잠시 눈을 맞춘다. 더 작은 목소리로, 그녀는 묻는다. "너 진짜 괜찮겠어? 저 사람이랑?"

나는 고개를 끄덕이고 고맙다고 말한다.

"잠깐 이야기 좀 해요." 브라이언이 말한다. 그는 현관으로 걸어가는 메리를 뒤따라간다. 나는 그 둘이 함께 걸어나가는 동안 무릎을 부둥켜안는다. 가로등의 노란 불빛이 그들의 얼굴을 가로질러 비추는 것을, 커다란 유리 현관문을 통해 그들을 볼 수 있다. 그들은 주차 구역에 서서 나에 대해 말하고 있다. 그들은 포옹한다. 브라이언은 다시 실내로 걸어 들어오고 내 의자 옆에 무릎을 꿇고 털썩 앉아, 턱을 내 무릎에 기댄다. 그는 눈길을 들어, 눈물로 반짝이는 얼굴로 나를 바라본다.

"그 사람이 여기 와줘서 너무 다행이야." 그가 말한다. "누군가가 널 그만큼 아껴서 다행이야." 그의 눈은 너무 커다랗고, 나는 그 안에서 두려움과 후회와 미안함의 거대한 세계를 본다. 그는 말한다. "더 일찍 오지 못해서 미안해." 그는 일하는 게 선택인 것마냥 말한다. 이 모든 걸 고칠 수 있는 묘안이 있는 것처럼 말한다. '더 일찍'이란 몇 년 전, 폴리를 만나기 전, 약을 하기 전, 그

전, 그 전, 그 전을 의미하는 것처럼 말한다.

내 안의 모든 공기가 아리아의 길고 슬픈 마지막 음처럼 빠져나간다. 이제 올 게 온다. 미안해, 너무 미안해, 그랬으면 좋았을 텐데, 그렇게 해보려고 했어야 하는데, 네 잘못이 아니야, 내가 왜 이런지 나도 모르겠어. 걔들이 앉아 지켜보는 동안, 나쁘고, 무섭고, 쓸모 없는 것들이 모두 조용한 방으로 쏟아져 나온다.

"내가 할 수 있는 게 있을까?" 그는 묻는다.

나는 말한다. "여기가 좀더 크리스마스 분위기이면 기분이 나아질지도 모르겠어." 그래서 그는 라디오를 켜고, 내가 울컥 터져나오는 눈물을 막아보려고 한 달 내내 틀었던 성탄절 음악 방송으로 주파수를 맞춘다. 그는 지하실에서 상자 몇 개를 꺼내와 손으로 먼지를 턴다. 커다랗고 은은하게 빛나는 금속실 화환을 풀어내면서 말한다. "있잖아, 우리가 크리스마스 장식 쓰고 있는 거 알면 엄마가 엄청 좋아하실걸. 집 비우기 전에 매년 선반에서 꺼내놓고 가셔, 내가 집을 꾸밀지도 모른다고 기대하시면서. 난 근데 그렇게 크리스마스를 좋아하진 않는 거 같아."

나는 장식을 손 안에서 하나 뒤집으면서 반짝이는 빨간 페인트에 빛이 반사되는 걸 지켜본다. "나는 크리스마스 엄청 좋아해." 나는 말한다. "커다랗고 정상적인 것들 중 유일하게 내가 원하는 거야."

나는 언제나 내가 필요로 하는 것과 내가 욕망하고 사랑하는 것을 헷갈린다.

쪽파와 버터 향이 나를 깨운다. 아침 식사가 만들어지고 있다. 나는 울어서 눈이 부어 오른 채로 브라이언을 찾으러 부엌에 걸어 들어간다. 그의 입술은 내가 사랑하는 바로 그 모습으로, 잔뜩 집중하는 중이라 삐죽 나와 있다. 그는 직장에서 부엌을 뛰어다니면서, 주문서를 뽑아 들고 벨을 울리고 주물 팬을 오븐에 밀어 넣는 동안 이런 표정을 짓는다. 그의 편안한 움직임은 중력이나 자연의 법칙 같다. 몸이 순수하게 기억에 따라 움직이는 것처럼 느껴진다. 그는 우리가 섹스할 때 그런 모습이다.

LOVE BUG

새로 살게 될 집을 계약하고 나서, 브라이언과 나는 근처에 있는 '젤리'라는 브런치 카페로 걸어 들어간다. 산뜻하고 에어컨이 나오는 곳이다. 밝은 색 벽과 식탁보와 불투명한 유리 화병에 산뜻한 데이지가 꽂혀 있는 곳이다. 얇고 비치는 커튼, 다정한 느낌의 파스텔 빛깔이 잔뜩 있다. 서빙 스태프는 노란색 폴로셔츠를 입

고 있고 활기찬 목소리로 말한다. 우리를 서빙하는 사람은 우리가 앉아 있는 귀퉁이 테이블로 와서 브라이언에게 커피를 따라주고, 표면에 물방울이 맺혀 있고 시트러스 물이 담긴 크리스탈 유리병을 내려놓는다. 내 허벅지는 좌석 비닐에 닿아 끽끽거리는 소리를 낸다. 내가 좌석에서 통통거리자 브라이언은 웃는다.

"와, 진짜 훌륭해." 브라이언이 말한다. "이제 이사만 남았네."

나는 메뉴를 펼친다. 내가 젤리 크로크 마담에 대한 설명문을 읽자 – *미리 가공된 재료를 쓰지 않고 만든 프렌치 토스트 사이에 얇게 썬 블랙 포레스트 햄과 디종 머스터드, 그리고 살짝 익힌 달걀 프라이를 얹어 마무리했습니다.* – 브라이언은 프랑스 누보풍이라는 말을 한다. 크레이프 토핑을 상세하게 나열한 목록과 에그 베네딕트를 실험적으로 재해석한 '카프레제 베니'나 '팟 로스트 베니' 같은 선택지까지 있는, 우리 둘의 예상보다 좀 더 복잡한 메뉴이다.

"뭘 주문해야 될지 모르겠어." 브라이언은 말한다.

"직접 만든 잼도 있대." 메뉴에서 눈을 떼지 않고 나는 말한다. 나는 이 순간을 즐기고 있다. 브라이언은 언제나 뭘 주문할 건지 알고 있다. 매번 똑같은 걸 시키니까. 베이컨, 반숙으로 익힌 달걀 두 개, 호밀빵 토스트. 내가 놀리곤 하는데 그는 토스트에 잼을 발라서 노른자에 찍어 먹기를 좋아한다. "잼이랑 노른자랑 같이 먹는다고? 별나기는."

고급스러운 걸 먹고 싶을 때는 그는 평소에 먹는 포도잼이 아니라 씨 없는 블랙베리잼을 고른다. "씨 없는 잼은 겁쟁이들이나 먹는 건데." 나는 말하곤 한다.

셰프인 그가 어떤 음식을 먹는지는 나를 매번 놀라게 한다. 그는 (단골에 따르면 "고든 램지Gordon Ramsay의 스테이크보다 나은") 절묘한 맛의 소갈비 스테이크를 서빙하고서는 세븐일레븐에서 파는 피클 소스를 곁들인 나초를 흡입하곤 한다. 야생 토끼고기를 화이트 와인에 졸이고 당근을 꽃 모양으로 조각하곤 돌아서서 매일 똑같은 평범한 아침식사를 주문한다.

"새집이니까, 전망도 새롭고." 브라이언은 말한다. 그는 메뉴의 코팅된 페이지를 넘긴다. "오늘은 다른 거 먹을 기분일 수도 있지."

그가 조용히 노래를 흥얼거리고 커피를 마시는 동안 나는 테이블 위 데이지꽃 하나를 쓰다듬는다. 브라이언이 "아, 아직도 못정하겠어."라고 말하고, 나는 웃으며 오렌지주스가 맛있을 것 같다고, 가게에서 직접 짜서 만든다고 말해준다. 새 집에 티파니블루색 샤워커튼을 거는 건 어떻게 생각하냐고 그에게 묻는다. 코럴색 타월은 어떨까. 나는 바로바로 짐을 풀고 싶다. 더 이상 상자에 담긴 생활용품으로 살림하고 싶지 않다. 이번 집을 예쁘고 깔끔하게 유지하고, 집안일은 달력에 표시해두고 싶다. 일주일에 적어도 한 번은 장 본 걸로 요리를 하고. 이번에는 모든 걸 제대로 하고 싶다.

브라이언은 테이블 너머로 손을 뻗어 내 손을 잡는다. 그는 말한다. "네가 원하는 거라면 뭐든 좋아."

학명 Cimex lectularius, 보통 빈대라고 알려진 곤충의 일생은 바늘의 머리부분 정도 크기의 진주빛 알에서 시작된다. 부화 이후, 빈대는 여섯 번 허물을 벗는데, 굽도리, 매트리스 안, 또는 벌레가 기생하는 생물 근처에 있는 다른 균열이나 금에 투명한 허물을 눈에 띄지 않게 배출한다. 각 단계에서, 빈대는 외골격을 벗기 위해 피를 섭취해야 한다.

암컷 빈대는 따뜻한 환경에서 약 9개월간 하루에 세 개에서 네 개, 일생 동안에는 500개까지 알을 낳을 수 있다. 박멸에서 살아남은 단 한 마리의 임신한 빈대가 빠르게 자손을 낳고 번식하면서 빈대가 들끓게 될 수 있다.

계약한 집으로 이사한 날, 이삿짐센터 사람들이 막 떠났을 때, 나는 고막을 찢을 듯한 비명을 내지른다. 브라이언은 내가 괜찮은지 확인하려고 방에 뛰어들어오고, 나는 벽을 느긋하게 기어오르고 있는 뚱뚱한 빈대 여러 마리를 가리킨다. 우리는 그날 소파에서 잔다.

나는 계속 사무실에 전화를 걸고 그들은 내가 헤어지려던 판에 매달리는 여자친구인 양 나를 대한다. 난 이제 전화 걸어서 할 말의 도입부를 완전히 암기했다: "안녕하세요, 성이라고 합니다. 17-205호에 사는 사람인데요, 해충 관리 문제로 연락 드렸었어요." 나는 핑크칼라 일을 충분히 해봤다. 어떻게 게임을 풀어나가야 하는지 알고 있다. 하지만 그들은 질질 끌고 있다. 처음에는 다음 영업일에 집을 살펴보겠다고 한다. 검사관이 방문하기까지는 3일이 걸린다. 소독을 예약하면 될 시간에 우리가 이미 아는 것을 확정하기 위해 며칠이나 버린 것이다. 소독을 예약하기까지는 또 일주일이나 더 전화 주고받기가 이어진다. 부동산 관리자들은 끈질기게 우리가 빈대를 데리고 들어왔다고 설득하려 든다. 우리가 이사한 날에 빈대를 발견했다는 걸 상기시키면, 그들은 그날 우리가 본 것은 빈대가 아니라 어쩌면 진드기나 딱정벌

레였을지도 모른다고 한다. 임대업자 사무실에 들러 문제에 대해 협상을 하려고 할 때마다 그들은 우리를 잠재적 세입자들로부터 떨어진 별도의 방으로 데려간다. 그들은 소리 내어 '빈대'라고 말하기를 거부한다.

새집에서 살기 시작한 지 이 주가 되었고 우리는 아직도 짐을 풀지 못했다.

미국 환경보호청은 감염된 가정의 경우 빈대와 빈대알을 죽이기 위해 옷과 직물을 뜨거운 건조기에 최소 30분간 건조하기를 권장한다. 세탁만으로는 충분하지 않을 수 있다. 청결한 물건은 감염을 막기 위해 밀봉한 플라스틱 봉지에 보관해야 한다. 감염된 물품은 격리되어야 하며, 방제 처리할 수 없다면 폐기되어야 한다. 빈대 알이 부화하기까지는 몇 주가 걸릴 수 있다. 격리 과정이 적절하지 않을 경우 재감염으로 이어질 수도 있다.

우리는 개를 나의 부모님에게 맡긴다. 가지고 있는 모든 수건, 침구, 그리고 옷을 쓰레기 봉투에 밀봉하고, 셀프서비스 세탁소에 간다. 모든 걸 세탁, 건조하고 청결한 옷을 담는 새로운 봉지를 사는 데 거의 50달러를 쓴다. 굽도리널을 따라, 매트리스 뒤에, 소파 쿠션 사이 사이에 규조토를 붓는다. 집을 나서기 전에 혹시 모르니까 소독용 알코올을 몸에 뿌린다.

해충방제업자는 우리 집안 전체에 스프레이를 뿌린다. 우리가 동네 식당에서 접시 위의 달걀 요리를 긁어모으는 동안, 우리 집 창문 밖으로 연기가 밀려나온다. 벌레들은 없어진 것처럼 보인다. 물린 자국도 낫기 시작한다. 우리는 생필품을 플라스틱 봉지에 담아놓고 생활하는 걸 멈춘다. 개를 다시 집에 데려온다. 다시 벌거벗고 자기 시작한다.

브라이언은 침대 시트를 밀어내려 내 허벅지 위에 손을 올린다. 그는 말한다. "우리, 커플로 지낼 시간이 없었던 거 같아."

나는 그에게 엄밀히 말하자면 둘만의 시간이 없었다는 걸 상기시킨다. 우리는 웃지만 그의 손가락엔 힘이 들어가고 내 살갗을 파고든다. 그는 얼굴을 가까이 밀어붙이고는 키스한다. 우리의 숨소리는 짧아진다. 그의 이목구비가 흐릿해지는 걸 보기 위해 나는 눈을 뜨고 있다.

때로는 보지 않기가 어렵다.

때로는 모든 걸 말하지 않아도 된다.

브라이언이 손가락으로 내 가슴 사이를 훑어 내리는 동안, 나는 몸을 뒤로 젖힌다. 그는 이불 아래로 기어 그의 머리를 내 무릎 사이에 묻는다.

내 허리는 그의 리듬에 따라 흔들린다. 내 입은 탐욕스럽고,

격렬하며, 환희에 찬 소리를 만든다. 내 눈은 소독용 가루가 놓인 귀퉁이, 이사할 때 수축포장하고 아직도 풀지 않은 옷장이 놓인 침실을 훑다가, 눈이 시릴 정도로 밝고 건조한 불빛을 한껏 받아들인다.

처음에는, 내가 뭘 보고 있는 건지 확실하지 않다. 그런데 그것이 움직인다.

천장에 빈대가 있다. 우리의 피를 먹어 적당히 건포도 갈색으로 물든 통통한 녀석이다.

"사랑해." 브라이언이 말한다.

나는 작은 기생충이 천천히 벽으로 기어가는 것을 쳐다본다.

"나도 사랑해." 나는 말한다.

때로는 모든 걸 말하지 않아도 된다.

빈대는 *트라우마적 씨뿌리기*, 또는 *피하 주입식 씨뿌리기*라고도 알려진 방식만으로 번식한다. 이 번식 방식에서 수컷은 암컷의 복부를 찌르고 그로 인해 난 상처에 정자를 주입한다. 이 과정을 통해 감염에 취약한, 벌어진 상처가 생기고, 암컷은 상처가 나을 때까지 정상적으로 활동할 수 없다.

두 번째로 '젤리'에 간 날, 분위기가 다르게 느껴진다. 서빙하는 직원들은 통통 튀는 느낌이 아니라 지나치게 서두르는 듯 보인다. 파스텔 색감은 더 이상 다정하지 않고 요란하다. 데이지는 너무 과한 느낌이다. 어쩌면 수국이 더 어울릴까? 아니면 들꽃? 아니면 내가 과민하고 까다롭게 구는 걸까? 우리는 다시 귀퉁이에 있는 부스석에 앉고 비닐 좌석이 찍찍거리는 소리는 날 짜증나게 한다. 시트가 허벅지에 붙는 게 싫다. 브라이언은 관자놀이를 문지른다. 메뉴를 거의 살피지도 않고 탁 닫은 뒤, 여전히 선글라스를 낀 채 커피잔 위로 몸을 웅크린다. 그는 팔꿈치에 벌레 물린 곳 여러 개가 모여 있는 곳을 북북 긁는데, 서빙하는 직원 한 명이 우리 테이블을 지나가자 재빨리 헛기침을 하고는 손을 주머니에 찔러 넣는다. 그는 테이블 아래에서 실수로 내 발을 건드리고, 재빨리 자신의 발을 잡아당기고는 미안하다고 중얼거린다.

나는 숨을 깊이 들이마시고 커피를 한 모금 마신다. "뭐 먹을 거야?"

브라이언은 식당을 둘러보고는 불안하게 손톱을 물어뜯는다.

우리 둘 다 그가 무엇을 주문할지 알고 있다. "베이컨, 반숙 계란, 호밀빵 토스트."

세입자 권리 조합 소속인 사람과 이야기하고 나서, 브라이언은 혹시 무언가 증명해야 할 경우를 대비해 사진으로 증거를 남겨두는 게 좋을 수도 있다고 말한다. 그래서 나는 그의 핸드폰을 받아 들고 조명 아래 여기 서 보라고 말한다.

그는 속옷차림에 말라빠지고 초라해 보인다. 수면 부족으로 눈이 튀어나왔고, 부드러웠던 우윳빛 피부는 군데군데가 빨갛게 부어올라 있다. 사진은 괴상하고 악의를 띤 것처럼 나왔다. 몸과 분리된 팔, 다리, 가슴, 등을 클로즈업해 찍은 사진. 여기에는 젖꼭지가, 저기에는 점이 있다. 좋지 않은 조명 아래 멸균 처리한 듯한 각도로 찍힌 프레임들. 의료용 삽화와 청하지 않았는데 들어간 페니스 사진 사이의 무언가.

브라이언은 웅크린다. 반달처럼 수줍게 굽은 등. 그는 너무나 작아 보인다. 나는 그의 몸 위아래로 퍼진 시뻘건 자국을 보며 *옷이 당신을 입게 하지 말라*는 닳고 닳은 상투적인 문구를 떠올린다. 그는 씻겨져 나간 것처럼, 가려진 것처럼, 거의 소모되어버린 것처럼 보인다. 나는 여기, 얼얼한 열기를 내뿜는 부어 오른 어깨 일부분을 만진다. 나는 저기, 딱지가 앉은 정강이에 간지러움을 가라앉혀줄 페퍼민트 오일을 조금 묻힌다. 그의 목에 차가운 물이 담긴 유리잔을 가져다 대고, 그는 작게 한숨을 내쉰다. 그의 얼굴은 창피함으로 일그러진다.

월세 계약 2개월째, 집에는 여전히 상자들이 천장까지 쌓여 위협적인 실루엣으로 빛을 가린다. 텔레비전이 조용히 떠드는 동안 우리는 더위 속에서 벌거벗고 연약한, 잔뜩 시달린 몸을 나란히 한 채 포기하고 늘어진 상태로 앉아있다. 나는 그의 붉은 상처들이 진물을 흘리고 연고가 반들거리는 걸 바라본다. 나는 그의 몸 아무 곳에나 손을 둔다. 내가 어디를 건드리고 있는지 살피지 않는다. 내가 어디에 키스하는지도 신경쓰지 않는다.

우리가 돌아오자 해충방제업자는 건물 앞에서 우리를 기다리고 있다. 그는 가스 마스크를 집어넣고, 목에 뭔가 걸린 것처럼 기침을 한다. 브라이언과 나는 함께 그에게 걸어간다. 보통의 아침을 보내고 있는 보통의 커플처럼 손을 잡고.

나는 집을 올려다본다. 창문이 연기로 흐릿해져 있어서 마치 집 안에 태풍이 몰아치려는 것만 같다. 나는 방제 작업의 효용성을 보장하기 위해 우리가 할 수 있는 게 무엇이 있는지 묻는다. 벌레들이 싫어하는 라벤더 오일을 침대 근처에 바르는 게 좋다고 친구가 얘기했다는 말을 한다.

"예방책이라는 건 없어요." 방제업자는 말한다. 그는 모자를 고쳐 쓰고 고개를 젓는다. "사무실에서 그런 식으로 말하면 듣지 마세요. 그 사람들이 하는 말은 아무 것도 듣지 마세요. 사람들은 이 문제가 조용히 지나가길 바래요. 아시죠? 두 분이 본인 탓이라고 생각하길 바래요. 온갖 말을 할 거에요."

나는 2층에 있는 우리 집 창문 너머를 빽빽하게 채운 회색 안개를 지켜본다. 브라이언은 내 손을 꼭 쥔다.

"벌레들은 언제든 돌아올 수 있어요." 방제업자는 말한다. "정말로 없어졌는지는 나가실 때까지 확실히 알 수 없어요. 만약에 다시 돌아오면, 보자마자 저한테 연락 주세요. 그게 하실 수 있는 전부예요."

우리는 그에게 감사하다고 말하지만, 그는 겸손하게 고개를 저으며 재빨리 인사를 사양한다. 그가 해결할 수 있는 것보다 문제가 크다. 그건 우리가 사는 집보다, 우리 건물보다, 우리 동네보다 크다. 해충 관리보다 크다.

브라이언의 손은 긴 숨결처럼 내 등을 따라 올라간다. 그는 조금도 여유를 내주지 않는 더위 속에서 내가 눈을 찡그리고 우리 아파트를 쳐다보는 걸 바라본다.

7월이다. 현관에 새가 죽어 있다. 나는 웃기 시작하고 멈추지 못한다.

납작한 몸과 민첩한 다리 덕분에 빈대는 벽과 굽도리널이나 책장의 이음새, 전기 콘센트 뒷면과 같은 좁은 틈새에 기어들어갈 수 있다. 빈대는 신용카드가 들어갈 만한 공간에는 어디든 들어갈 수 있다는 말이다. 대체로 야행성이기 때문에, 빈대가 생긴 건물에 사는 주민들은 낮 시간에는 벌레를 한번도 보지 못할 수 있다. 빈대에게 물린 사람이 잠에서 깨어나 간지러운 자국이 일직선으로 늘어서 있거나 뭉쳐져 있는 것을 발견하더라도 그 원인이 무엇인지는 알아내지 못할 수도 있다. 이러한 자국은 자주 벼룩에 물린 자국, 옴, 또는 알레르기성 반응으로 오인되며, 심지어 의사들조차도 이런 실수를 한다. 물린 자국만으로 빈대가 생겼는지를 판단할 수는 없다.

어느 날 저녁, 우리는 다툰다. 나는 브라이언을 거친 말로 찔러댄다. 브라이언은 이를 악물고 참다가 버럭 화를 낸다. 그의 화가 솟구치는 물처럼, 총소리처럼 뿜어져 나온다. 나는 문간에 서서 팔을 휘두른다. 나는 소리지른다. 내 손은 펼쳐진 상태고 물건과 부딪힌다. 물건이 날아간다. 계속 물건이 떨어진다. 나는 계속 소리를 지르다가 어느 순간부터 속삭이고 있다. "아니, 아니, 제발." 브라이언은 나에게 가까이 오려고 하지만 나는 소리를 지르고 있다. 나는 테이블 아래에 몸을 웅크리고 애원한다. "아니, 제발, 그만해." 나는 눈을 꼭 감은 채 손바닥을 귀에 내리치고 있다. 내 심장은 전쟁처럼 쿵쾅거린다. 나는 내가 어디 있는지 모른다.

내 손목을 붙잡고 있는 브라이언의 손을 느끼기까지 긴 시간이 걸린다. "제발 그러지 마." 그는 말한다.

내가 스스로를 때리고 있었다는 걸 깨닫기까지 긴 시간이 걸린다.

나는 눈을 뜬다. 사방에 부서진 물건들이 있다. 브라이언은 우리가 열쇠를 담아두던 도자기 그릇 조각을 내려다본다. 조각을 손바닥에 포개 담고 쓰레기통에 버린다. 눈에 보이지 않는 조각들을 청소기로 치운다.

"오래 전에 선생님에게서 받은 거야." 그는 나지막이 말한다. "거의 20년 전에 만든 거였어."

눈물이 다시 차오르기 시작한다. "깨트리려고 한 건 아니야." 나는 말한다. "어떻게 된 일인지 모르겠어. 너무 미안해."

"미안해하지 마." 그는 말한다. "그냥 물건인데 뭐."

그는 그릇이 부서진 자리에, 내 옆에 무릎을 꿇고 앉아 내 머리에 손을 얹는다. 팔로 나를 감싸안는다. 그는 다시, 또 다시 말한다. *그냥 물건인데 뭐.*

빈대에 물린 후 생기는 반응은 개개인마다 차이가 크다. 어떤 경우, 두드러기가 생길 때까지 며칠이 걸릴 수도 있지만, 몇 시간 내에 염증 반응을 보일 수도 있다. 일부는 아무런 증상을 드러내지 않는다.

긁으면, 염증부위는 대체로 더 커진다. 따라서, 완전한 처치 과정을 거쳐 벌레들이 박멸되었다고 하더라고 물린 자국이 더 커지거나 많아지고 있는 것처럼 보일 수 있다.

해충 퇴치업자가 우리 집을 방역하고 몇 달 뒤, 브라이언과 침대에서 누워 있는데 무언가 내 목을 스치는 느낌이 든다. 나는 눈을 꽉 감고 손을 파닥거리며 비명을 지른다. 브라이언이 내 어깨를 붙잡고 날 흔들 때까지 내가 소리를 지르고 있다는 걸 깨닫지 못한다.

"무슨 일이야?"

"벌레들이 다시 나타났어."

그는 잠시 생각한다.

그리고는 내 손을 잡고 말한다. "그거 내 머리카락이야."

계약기간이 몇 주 남지 않았을 때, 브라이언과 나는 특별한 이유 없이 다투거나 불편하게 웃어대길 반복한다. 가끔씩 우리는 새로 이사하는 곳에 빈대가 나타날지도 모른다는 가능성에 대해 농담을 한다. "시카고는 세계적인 빈대 핫플레이스 중 하나야." 브라이언은 말한다. 우리는 웃지만 시큼한 두려움이 묻어나는 건 어쩔 수 없다. 우리는 지금 살고 있는 집을 "빈대 궁전"이라고 부르게 되었다. 부동산 관리자들은 만약 우리가 여기 계약을 연장한다면 한 달에 100달러씩은 더 받아야겠다고 한다. 여기에서 산 일 년 내내 그들은 임대 사무실 옆에 COMING SOON이라 쓰인 커다란 광고판을 두고 존재하지 않는 볼링장을 광고해왔다.

나는 도자기 그릇을 포장지에 싸서 브라이언에게 건넨다. "나 아직도 저 쓰레기 같은 사무실에 불지르고 싶어." 나는 말한다. "현관에다 오줌 누고."

브라이언은 바닥에 놓인 상자 안에 그릇을 넣으면서 웃는다. "나는 아직도 건물에다 스프레이 페인트로 '빈대'라고 쓰고 싶어." 그는 말한다.

나는 그가 벌레들을 봉지에 담아 부동산 관리실에 뿌리겠다고 위협했던 건 기억하냐고 묻는다.

그는 내가 부츠를 신고 사무실에 쾅쾅거리며 걸어 들어가서 소리지르면서 빈대 얘기를 하는 바람에 집을 알아보던 사람 세 명이 충격 받아 살금살금 사무실을 빠져나갔던 건 기억하냐고 한다.

"브라이언, 또 빈대가 생기면 나 진짜 주립 정부 건물을 폭파시키기 시작할지도 몰라." 나는 말한다.

그는 말한다. "나도 거기 같이 있을 건데, 뭐."

나는 혼자, 늦게, 벌거벗은 채 일어난다.

내가 어디 있는지 기억하는 데 오랜 시간이 걸린다. 아직 새로운 집의 구조를 익히는 중이고 순간적으로 나는 내가 언제에 있는지 모르겠다. 오늘인가? 작년인가? 미래인가?

화장실 수도꼭지가 틀어져 있다. 한동안 이불을 젖힌 침대 위에서 무거운 기분으로 늘어져 있다. 나는 목에서부터 타원을 그리며 빠르게 몸을 훑는다. 벌레 물린 자국을 찾고 있는 거란 걸 깨닫기까지 잠시 시간이 걸린다. 침대에서 나와 발을 끌며 복도를 걸어가 새로운 거실로 간다. 상자들이 벽쪽으로 높이 쌓여 있다. 흙먼지가 발바닥을 간지럽힌다.

화장실에 수도꼭지가 틀어져 있지만 나는 브라이언을 부르지 않는다. 핸드폰을 찾지 않는다.

열린 창문으로 들어오는 강한 바람이 풀과 젖은 콘크리트 냄새를 데려온다. 나는 먼지가 춤추는 걸 바라보며 뜨겁고 하얀 햇살 한 조각을 받고 서 있다. 온기 속에서 근육이 반죽처럼 부풀어 오른다.

이 책을 쓰는 과정의 마지막 단계에서 포틀랜드에 갔을 때, 나는 출판사와의 미팅에 가거나 담배와 삶은 달걀을 사러 편의점에 갈 때 외에는 최대한 혼자서 시간을 보낸다. 본이 나와 함께 왔는데 우리는 도착하자마자 신경이 곤두선다. 이 도시가 우리에게 안전하거나 알맞은 곳이라는 기분이 들지 않는다. 내가 꼭 맞는 드레스를 브라 없이 입고 있고, 노숙인이 나에게 희롱하는 말을 할 때면, 나는 내가 이 상황에 공모하고 있는 건가 질문하게 되고, 얼굴을 한 대 얻어맞는 기분이 된다. 왜냐면 그가 내 공간을 침범하고 있는 게 아니니까. 내가 그의 공간을 지나가고 있는 것이다. 그곳은 그가 사는 곳이다.

그건 날 속상하게 하지 않는다. 이 세상 안의 내 위치와 그 가능성이 나를 속상하게 한다.

나는 이런 공격들로 인해 모욕 받았다고 느끼지 않는다. 짓

밟힌 사람들이 취할 수 있는 최후의 수단이 그것밖에 없는 이 세계에 구역질이 난다.

어려움에 처한 사람으로부터 물건을 빼앗기는 건 두렵지 않다. 내가 지나갈 때 불쾌한 표정을 짓는 이들 중 어떤 백인 우월주의자들이 있을지가 두렵다.

나는 포틀랜드에서 내가 만난 백인들 중 가장 백인스러운 사람들을 마주친다. 나는 평생 본 것보다 많은 수의 행복한 개와 노숙인을 포틀랜드에서 본다. 재개발 구역이 점점 뻗어나가고 있는 이 도시가 머리를 어지럽게 한다. 대마초 판매점과 그를 둘러싼 문화는 이곳의 자유주의적 악몽을 완벽히 의인화한다. 음식물 쓰레기로 퇴비를 만드는 것과 개를 좋아하지만 노숙인과 흑인들을 혐오하는 백인들. 나는 여기 있을 이유가 없다. 몸이 아프다. 이곳에서의 첫날, 본과 나는 베란다에서 서로를 부둥켜 안고 무서운 백인들이 우릴 쳐다보는 것, 백인 우월주의 아래 우리 같은 사람들에게 가족이란 무엇인지, 이렇게 뿌리깊은 경제적 불평등을 마주했을 때 느껴지는 우리의 무력함에 대해 이야기하며 운다.

하지만 계속 안에만 있다가는 미쳐가는 기분이 들 것 같아서 우리는 관광객을 끌어 모으는 명소 몇 군데에 간다. 천연 염색한 린넨 옷을 입은 친절한 백인 아주머니들이 운영하는 히피 가게에 들어간다. 지난 한 주간 주변 환경에서 받은 충격 때문에 심란한 와중에, 이 분위기가 기분을 달래주고 있다는 걸 부정하긴 어렵다. 듣기 편한 싸구려 음악, 공기 중을 떠다니는 나그참파 향, 친절한 백인 아주머니들의 모래처럼 부드러운 목소리. 나는 항복한다. 반짝이는 크리스털을 만지고, 가루가 손에 묻어나는 향을 살핀다. 야니Yanni 노래의 리듬에 맞춰 발을 두드린다. 브라이언을 위해 '메이드 인 인도네시아' 스티커가 붙어 있는 손가락 피아노를 고르고 버블랩으로 포장해달라고 한다. 나는 실제로 CHICAGO라고 쓰인 히프 색을 두르고 있다.

우리는 적응하려고 노력 중이다. 보통의 하루를 보내려고 노력하는 중이다. 이건 윤리적이지 않다. 옳지 않다. 그냥 때로 우리가 하게 되는 일이다.

포틀랜드에서 돌아오자마자 나는 바로 바지를 벗고 소파에 털썩 앉는다. 리로이는 바쁘게 내 옆구리를 파고들고 나는 땀에 젖어 끈적거리고 지친 상태로 리로리를 안는다. 집으로 돌아올 때 탄 비행기 때문에 얼굴이 번들번들한 것 같고 브라이언에게는 알리고 싶지 않지만 일주일간 담배를 잔뜩 피운 것 때문에 목이 까끌까끌하다. 나는 브라이언에게 줄 게 있다고 말하고 그는 내 옆에 앉는다. 나는 그에게 버블랩으로 포장된 손가락 피아노를 건네고 그가 아주 조심스럽게, 테이프를 하나 하나 떼어내며 포장지를 뜯는 걸 지켜본다.

그는 악기를 들어올려 반짝이는 나무 본체를 따라 빛이 흘러내리는 걸 바라본다. 그걸 뒤집어, 모든 각도에서 살펴본다. 금속 갈래를 하나하나 조심스럽게 건드리고, 화음을, 간단한 멜로디를 연주한다. 악기를 품에 안고 웃으면서 나에게 고맙다고 말한다. 그의 얼굴은 우리 집의 촘촘한 호박색 조명 아래에 그대로 노출되어 활짝 열린 듯이 보이고, 곳곳에 그림자가 드리워져 있다. 이 발견. 이 복잡하지 않은 기쁨, 엄지손가락을 튕기면 귀에 닿는 부드러운 소리, 음을 하나하나 이어 만들어지는 노래.

나는 오픈마이크 행사에서 브라이언이 스탠딩 베이스를 연주하는 걸 봤던 때를 떠올린다. 보고 싶었던 사람을 품에 꼭 안을 때처럼, 흔들리는 몸으로 개방현들을 편안하게 튕기던 모습. 그가 마지막으로 붓을 들었던 때를, 그 붓질의 가치를 인정하지 않는 세상의 압도적인 무게 아래에서 기어나오기 위해 얼마나 큰 노력이 필요했는지를 생각한다. 그가, 고기에 아질산, 글루텐, 방부제가 들어있지 않은지 묻는 고상한 백인 사모님들에게 비싼 델리미트Deli meat를 설명하는 데 하루 여덟 시간을 보내지 않아도 되는 삶을 생각한다. 감자 샐러드가 떨어졌을 때 마치 그가 직접 집에서 감자를 가지고 오는 것마냥 불평하고, 스시 바에서 일하는 그의 동료에게 스시에서 밥은 빼고 줄 수 없냐고 묻는 고상한 백인 사모님들. 우리 둘이 지난번 장볼 때 쓴 돈보다 더 값비싼 치즈 덩어리를, 너무 두껍게 썰렸다며 바꿔달라고 다시 가게에 가져오는 고상한 백인 사모님들. 나는 매일 그가 자신이 평생 가질 것보다 많은 돈을 다룬다는 사실에 대해 생각한다.

나는 그가 신경써야 하는 것이 오로지 자기 자신으로 존재하는 것뿐인 삶에 대해 생각한다. 이 순간과 같은 기쁨, 카타르시스, 발견의 순간이 그 어느 때보다 가까운 삶 말이다.

그리고 나는 이 순간을 세계로부터 떨어진 방에서 만끽하고 싶다. 이 순간이 분리되었으면 좋겠다. 이 손가락 피아노가 만들어진 인도네시아의 노동착취적 공장이나, 그들의 혁신으로 인한

수익은 한 푼도 받지 못한 짐바브웨의 쇼나인들에 대해 알고 싶지 않다. 나는 자신들의 작은 부티크를 운영하기 위해 간접적으로 여러 대륙을 통째로 약탈하고 있는 백인 아주머니들에 대해, 특히 그들이 내 돈으로 그렇게 하고 있다는 것에 대해 생각하고 싶지 않다. 하지만 그런 방은 열린 마음 속에 존재할 수 없다. 그 방에 살면서는 인간으로 살아가는 것의 고통이 주는 요동을 느낄 수 없다. 그 백인 아주머니들은, 자신의 내면에서 그런 감각을 느끼는 부분을 포기한다. 그들은 자신들이 되파는 물건이 어디에서 오는지, *정말로* 어디에서 오는지, 우리의 삶의 방식 때문에 다른 사람들이 치러야 하는 대가에 대해 궁금해하지 않는다. 그들은 등을 돌리고, 경이로움에 오롯이 빠져들지 않는다.

나는 내가 사랑하는 남자가 굳은살 박힌 손으로 선물을 매만지는 것을 바라본다. 이 연약한 가능성을.

이 사람이야말로 내가 은행에 불을 지르고 싶게 만드는 사람이다.

이 사람이야말로 내가 대통령을 죽이고 미국식품의약품국에 폭탄을 던지고 싶게 만드는 사람이다.

날짜: 2017년 7월 8일 토요일 오후 8:15
제목: 사진

[ ]에게.

나, 성이야.

이게 맞는 이메일 주소인지 모르겠고, 맞다고 해도 계속 사용하고 있는지 모르겠어.

잘 지내고 있길 바래. 네가 나에 대해서나 우리가 관계를 그만둔 방식에 대해 어떻게 생각하는지 모르겠어. 그런 얘기는 아무 것도 하고 싶지 않아. 너에게 연락해서 고통스러운 기억을 돌이켜보거나 우리 둘 중 누군가의 삶을 들쑤셔놓고 싶지도 않아. 그냥 네가 내 어린 시절 사진을 마지막으로 본 사람이어서 그래. 그 사진들을 없애버렸다고는 아직도 못 믿겠어. 정말 그러리라고 생각한 적 없어. 만약에 어딘가에 꿍쳐 뒀으면 돌려줄 수 있지 않을까 해. 우편으로 보내줄 수 있지 않을까.

내 생일에 찍은 사진, 그거 우리 할머니가 찍으신 거고 할머니는 영원히 살아계시진 않을 거야. 그날은 내가 어렸을 때 유일하게 행복하게 보냈던 생일이야.

내가 웃는 얼굴로 찍힌 유일한 사진들이야.

만약에 아직 너네 집 어딘가에 있으면, 돌려주는 것에 대해 생각해줬으면 좋겠어. 그 많은 고통과 괴로움을 겪고도, 널 떠올릴 때 쓰라리거나 화가 나지는 않아. 이게 내가 너에게 바라는 전부야, 그 사진들 말야.
잘 지내고 있길 바래.

날짜: 2017년 7월 10일 월요일 오전 9:14
제목: RE: 사진

성, 소식 들으니 좋네.
그 사진들을 갖고 있는 거 같지 않아, 미안하지만.

이메일 받고 놀랐고, 모든 걸 돌이켜보고 나니 이 말은 해야겠는데, 널 무릎 위에 올려놓고 나쁜 짓을 한 여자애를 혼내듯이 때려주고 싶어. 만약 그렇게 한다면, 진짜 화, 진짜 고통이 느껴질 거야. 그렇게 생각해.

우리 집에 와서 내가 찾아보는 걸 도와줘도 좋아, 근데 네가 그런다고 사진을 찾을 거 같진 않다.

나는 나의 진실을 안다.

우리 집 창문은 자정에 사파이어 광채를 투과시켜 우리 위로 회색 그림자를 드리운다. 나는 침대에서 몸을 일으켜 앉아 있고, 내 숨결은 길들여지지 않고 싸늘함으로 바스락거린다. 브라이언의 손은 마치 단추나 끈을 찾는 것처럼 내 등을 쓸어 내리고 있다. 뭐가 문제인지는 모르겠는데 한편으로는 모든 게 문제다. 그냥 너무 많다. 책 원고를 마감해야 할 시점이다. 다음 주가 졸업식이다. 책이 완성되지도 않았는데 책과 관련한 사람들을 만나러 포틀랜드에 가야 한다. 나는 아직도 문제를 겪고 있다는 게 부끄럽다. 이 문제를 해결하기도 전에 회고록을 썼다는 게. 이 책을 다 쓰면 정말로 책을 완성하는 걸 줄 알았다. 글을 쓰는 것이 그 자체로 치유이기를 바랐다. 나는 THE END를 입력하고 나서 완전히 다른 사람으로, 치포틀레Chipotle*에 성큼성큼 걸어 들어가 더듬거

◆치포틀레: 미국의 멕시칸 음식 전문점._역주

리거나 미안하다는 말은 한 번도 하지 않고 주문할 수 있는 쎈 년으로 새롭게 태어날 줄 알았다. 예상치 못한 공황발작 때문에 약속을 취소하는 일은 절대 없고. 해야 할 일의 목록에 샤워하기, 옷 입기를 적지 않아도 그렇게 할 수 있을 줄 알았다.

하지만 난 여전히 여기 있다. 여전히 그대로 나다. 여전히 무직이다. 여전히 제자리에서 몸을 흔들며 꺽꺽 울고, 우는 동안 말을 해보려고 애쓰고 있다. 브라이언이 눈을 맞추고 날 바라봐 줘야 한다. 그가 날 안아 줘야 한다. 나를 이 방에 묶어두어야 한다. 내 피부에. 이 밤에. 나에게 필요한, 필요한, 필요한 게 너무 많지만 해달라고 말을 꺼낼 수가 없다. 나는 웅크리고 등을 돌린다.

오랜 시간 동안 브라이언이 내게 건넨 작은 격려의 말들이 공기 중에 떠다닌다. 그의 목소리는 구름 한 조각처럼, 우리 사이의 공간으로 스며들었다가 빠져나가고 조심스럽게 차곡차곡 쌓인다. "너는 가치 있는 사람이야.", "네가 생각하는 것보다 많은 걸 나누고 있어.", "넌 아름다워." 나는 그의 말을 듣고 있지만 나에게 무슨 일이 일어나고 있는지 모른다. 어떻게 이런 일이 일어나는지는 모르겠지만 드디어 그런 일이 일어난다. 우리는 연결된다. 그는 속삭이듯, 내 볼에 손등을 스친다. 그는 내 눈을 바라보고 있고 어느새 이 발작은 바보스럽게 느껴진다.

리로이가 내 베개를 물고 가더니 브라이언 얼굴에 대고는 방귀를 뀐다. 우리는 조용히, 마치 이 순간이 소리만으로도 부서질 수 있는 달걀 껍질인 것처럼 너무나 조용히 웃는다. 브라이언은 눈을 감고 나는 그를 바라보기 위해 옆으로 눕는다.

"더 오래 깨어 있긴 어려울 것 같아." 그는 말한다.

나는 그에게 깨어 있지 않아도 괜찮다고 말한다.

"정말 괜찮겠어?"

나는 그의 가슴에 손을 올린다. 그냥 그와 닿아있기 위해서. 그가 어떤 느낌인지 음미할 수 있으니까, 그렇게 하려고. 그는 조용히, 잠에 취한 목소리로, 깃털처럼 가벼운 신음을 내쉰다. 나는 손으로 그의 목을 감싼다.

"이렇게 잠들던 거 생각나?" 나는 말한다.

"응, 기억나." 그는 말한다. "다른 사람은 한 번도 이렇게 하게 놔둔 적 없어."

"무슨 말이야?"

나는 손가락으로 그의 맥박을 느낀다. 아니면 나의 맥박을 그의 목을 통해 느낀다.

"만약에 다른 사람이 이렇게 했으면…." 그는 웅얼거린다. "아마… 금방… 그 사람을 다치게 했을 걸."

그는 이제 빠르게 멀어지고 있다. 잠으로 빠져든다.

"그럼 나는 왜 하게 놔두는 거야?" 나는 묻는다.

그는 옆으로 돌아누우면서 자신의 팔을 내 팔에 걸어 그의 목을 쥐고 있는 내 손을 고정시킨다.

"왜?" 나는 다시 묻는다.

그는 소리 나게 숨을 들이키며 쩝쩝거린다. "너를 사랑하나 봐." 그는 말한다. "널 믿는 거겠지."

이때 폴리를 떠올리는 건 잘못된 거지만 나는 그를 생각한다. 나는 그가 눈도 뜨지 않고, 콘돔도 없는 채로 나를 따먹게 놔둔 후에 그의 킹 사이즈 침대에 누워 있던 수많은 날들을 생각한다. 나는 그의 목에 머리를 기대고 회색으로 변하고 있는 뻣뻣한 그의 가슴털 사이로 손가락을 쓸어 내리곤 했다. 그럴 때면 그는 호기심 많은 개를 제지하듯이 나의 손목을 잡고 혀로 딱딱거리는 소리를 내곤 했다. 내 팔이 우리 둘 사이를 잇는 다리처럼 공중에 뻗어 있도록 손목을 붙잡아두곤 했다. 그는 말하곤 했다. "심장은 안 돼, 자기야." 그는 말하곤 했다. "심장 만지지 마." 그는 말하곤 했다. "몇 번이나 말해."

나는 이 말에 매료되었던 걸 기억한다. 그의 주체할 수 없는 화, 술, 이상하고 엄격한 규칙, 그의 학대에 매료되었던 걸 기억한다. 그것들은 폴리를 이해하기 어려운 무언가로 만들었다. 그를 흥미롭게 했다. 나는 그게 사랑인 줄 알았다. 나는 그가 나눠 주는 고통을 받아들이고 그에 대한 모호하고 아름다운 문장이 담긴 시를 쓰는 것이 사랑인 줄 알았다. 나는 고통을 받아들이는 것이 내가 어쩌면, 부디, 사랑 받는 사람이 되는 데 가까워질 수 있는 유일한 방법인 줄 알았다.

사랑은 선의의 거짓말이 아니다. 그것은 균열을 채워 나쁜 것들을 아름답거나 괜찮은 것으로 만들지 않는다. 사랑은 자신이 속아넘어가도록 허락하는 것이지, 속고 있는 것이 아니다. 자신을 고통에 열어두는 것이지, 고통 그 자체가 아니다. 망상에 스스로를 열어 두는 것이지, 망상 자체가 아니다. 그것은 보장이 아니라, 약속이라는 행동이다. 숨을 벅차게 하는, 희망이라는 행동. 그것은 바보 같고, 잃을 게 많지만 좋은 결과로 이어지는 도박이다. 그건 속삭이는 손길이다. 그건 하루를 향해 활짝, 벌거벗은 채 열려 있는 창문이다.

sung

어제 오후 2:01 - 미국 일리노이주 시카고

적어도 가장 좋아하는 그림 6개와 인생을 바꿔놓은 영화 7편은 있어야 돼. 목숨을 구해준 시 13편. 무언가를 느끼게 하는 노래 700곡. 특정 브랜드의 시리얼이나 치약을 좋아하는 이유들의 목록. 나무 조각을 해 봐. 자위도 하고. 꽃 생각도 하고. 사람들 이야기를 들어 봐.

옮긴이의 말

『남은 인생은요?』를 처음 발견했을 때 나는 성인으로서 처음으로 미국을 여행하는 중이었다. 미국에서 학생 신분으로 생활한 적은 있었지만 관광객으로 간 것은 처음이었다. 친구가 있는 일리노이주 시카고로 갔는데, '백인 이성애자 남성'이 기본값인 사회에서 그 중 무엇도 아닌 사람으로 존재하는 것이 얼마나 쓸쓸한 일인지를 오랜만에 다시 경험하느라, 지친 상태였다. 그래도 다행히 그날의 목적지였던 시카고의 대표적인 페미니스트 독립서점 Women & Children First에 무사히 도착했다. 나는 그날 그곳의 '시카고 작가' 코너에서 이 책을 발견했다.

처음에 책을 집어 든 건 순전히 저자 이름 때문이었다. sung. 아마 아시안, 어쩌면 그 중에서도 한국인. 유치한지 모르지만, 세상에 나와 비슷한 사람들이 존재하고, 그 사람들이 책을 쓴다는 걸 확인하는 일은 내게 중요하다. 뒤표지를 보니 트라우마와 회복, 가족과 중독과 몸에 대한 글이라고 쓰여 있었다. 삭발한 모습의 저자 사진이 있었고, 그 아래에 "성sung은 일리노이에 살고 있는 바이링구얼 한국계 이민자이다. 그(Their)의 에세이와 시는 다음과 같은 잡지에 실렸다."고 써 있었다. Their. Their가 또렷이 보였다. 이 저자는 한국인일 뿐만 아니라 성별이분법 바깥의 젠더정체성을 가진 이들이 주로 사용하는 they 대명사를 사용한다. 이 즈음에 나는 아직 나를 무엇이라고 소개해야 할지 몰랐지만, 내가 여자도 남자도 아니라는 것까지는 알고 있었다. 트랜스젠더 서사들을 온갖 방식으로 찾아 읽는 중이었지만 그들 중 성별이분법을 거부한다는 점을 공개적으로 밝힌 한국인 작가는 없었다. 단 두 문장으로 이루어진 그 짧은 소개문에서 나는 나 같은 사람이 존재할 뿐만 아니라 자신의 가능성을 확장하며 살아갈 수 있다는 걸 확인했다. 번개를 맞은 것 같았다. 재빨리 목차를 펼쳤다. WHO IS THIS BITCH. WHAT IS THIS BITCH DOING. WHERE IS THIS BITCH GOING. 거침없는 '등판'에 푸핫, 웃음이 터지면서도 통쾌했다. 당장 SNS에 올려 동네방네 이 책을 알리고 싶었다. 온라인 검색을 시작했다. 이미 여러 독자들이 바로 이 목차를 사진 찍어 "mood(좋아요, 공감해)"라며 올렸을 뿐만 아니라, 미국의 LGBT 문학상인 람다Lambda 문학상에서 이 책을 트랜스젠더 논픽션 부문 최종후보로 선정했다는 걸 알 수 있었다.*

2017년에 미국에서 처음 출간된 『남은 인생은요?』는 한국계 이민자의 현재진행형 트라우마 회복기이다. 성sung은 그를 오늘날의 자신으로 만든 시공간을 넘나들며 기록하는데, 따라서 이 글은 순차적인 '회고'가 아니라 몸에 저장된 트라우마가 일상에 불쑥 파장을 일으키듯, 개별적으로 보이는 일들이 실은 서로를 어떻게 구성하는지 드러내는 장면들의 집합이다. 십대였을 때 약

♣ 이 책을 처음 접했을 당시에 나는 저자가 they 대명사를 쓴다는 사실 때문에 그가 트랜스젠더나 논바이너리, 젠더퀴어와 같은 성정체성 용어를 사용할 것이라고 짐작했다. 후기를 쓰는 과정에서 이에 대해 묻자 저자는 이렇게 답했다.

"저는 모든 성정체성 용어를 거부합니다. 제가 가장 잘 '읽혔다'고 느끼는 상황은 상대방이 저를 전혀 읽지 못했을 때입니다. 단골 식당에서 제가 제일 좋아하는 서빙하는 직원 분은(server) 저를 만날 때마다, 심지어는 식사 도중에도 저에 대한 인식을 바꾸면서 he, she 대명사를 번갈아 씁니다. 그녀는 친절하고, 저를 따뜻하게 대해주죠. 저에게는 이것이야말로 이상적인 상황입니다. 제 몸이 공공장소를 이동해 가면서 그 공간의 구조fabric를 흐트러트리는 것. 저는 젠더퀴어나 트랜스젠더, 논바이너리라는 말로 불리고 싶지 않습니다. 그보다는 제가 우리에게 공통적으로 지정된 언어를 거부하는 동료 여행자라고 말하고 싶고, they 대명사를 사용하는 건 제가 이 '거부'를 수행하는 방식 중 하나입니다. 언어는 만들어지는 것이기도 하지만 지정되는 것이기도 하며, 우리는 매일 소소한 협상을 하면서 서로 연결되기 위해 지정된 언어를 받아들입니다. 그렇지만 누구도 타인의 가장 사적인 진실까지 알 수는 없습니다.

또한, '트랜스젠더'와 '퀴어'는 영어에서 가져온 용어이기 때문에 우리의 문화가 어떻게 여전히 끝나지 않은 전쟁으로 인해 억압되고 형성되고 있는지를 생각하게 됩니다. 한때는 오래된 한국어 단어를 새로이 하는 방법이 있진 않을까 생각했지만, 지금으로서는 이러한 질문에 다다라 있습니다. 통일된 한반도, 헤게모니와 자본주의가 무너진 한반도에서의 트랜스젠더 정체성이란 무엇일까요? 해방된 세계에서도 어떤 형태이든 일종의 분리주의가 필요할까요? 아니면 우리의 움직임과 공동체들은 이름을 필요로 하지 않을 정도로 자유로워질까요?"

을 사러 가던 딜러의 집에서든, 어머니가 자란 1970년대 한국 농촌의 냇가로든, 초등학교 점심시간에 성sung의 주먹밥 도시락에 눈을 흘기는 동급생의 옆자리이든, 성sung은 독자를 파장의 중심으로 이끌지만 당사자를 연민한다거나 한 사람을 그의 트라우마와 동일시하는 것과 같은 간편한 숨구멍을 내주지는 않는다. 그는 사전, 각주, 편지, SNS 포스팅, 에세이 등 다양한 형식을 차용해 읽는 이에게 다양한 관점을 제공할 뿐만 아니라 (비)일상을 겹겹이 쌓아 올리고 무너뜨리며 트라우마와 살아가는 이의 궤적을 섬세하게 그려낸다.

그래서 이 작품은 '책'이라는 물성을 띄지만 영화나 노래처럼 느껴지기도 한다.

독자의 눈 앞에 풍경을 그려내고 현재성을 살려낸 성sung의 글을 번역하는 과정은 그래서 어려웠지만 너무나 즐거운 도전이었다. 『남은 인생은요?』의 숨가쁘고 고통스러운 장면들에 몰입하게 되는 것은, 성sung의 문장들이 그 무거운 어둠도, 계속되는 삶 속의 반짝이는 기쁨도 낱낱이, 부끄러움 없이 담았기 때문이다. 이 책은 "트라우마에서 해방될 수 있을까?"라는 질문에 응하는 대신, 독자들에게 자유를 다시 정의하자고 제안한다. 나의 몸과 나를 분리해야만 견뎌낼 수 있었던 순간들은 나의 서사를 끊어놓는다. 남은 인생에서, 나는 어떻게 내 몸에서 도망치지 않고 계속해서 자랄 수 있을까. 어떻게 나를 사랑할 수 있을까.

묻어둔 경험을 몸은 기억한다. 그리고 나는 매일 일어나 그 몸을 돌보아야 살아갈 수 있다. 성sung은 책에서 털어놓는다. 여전히 어떤 날에는 "샤워하기"를 그날 해야 할 일 목록에 적는다고. 이 책은 독자들이 '회복'에 관한 책에서 기대할 법한 성찰적 교훈이나 깔끔한 해피엔딩을 주진 못한다고. "남은 인생은요?"라는 질문은 책에서 단 한 번 밖에 등장하지 않는데, '앞으로는 정신차리고 살라'는 의미를 담은 지인의 말이었다. 그러나 그 질문의 메아리 속에서 결국 성sung은 이 질문이 전제하고 있는 과거와 미래의 깔끔한 분리를 거부하면서 스스로에게 묻는다. 앞으로는 무엇을 하고 싶은지, 무엇이 되려고 하는지. 미래는 불투명하지만, 확실한 것은 나에게 고유하면서도 다른 이들과 연결된 역사가 있고, 나는 그 역사를 가진 채로 새로운 무언가가 될 수 있다는 자각이다.

신종 바이러스가 유행하는 시대에, 나는 꼭 필요하고 긴급한 활동이 무엇인지, 소중한 이들과 어떻게 만나고 연대할 수 있을지 다시금 고민하게 되었다. 『남은 인생은요?』는 내가 무엇을 위해, 누구와 함께 싸우고 싶은지를 기억하게 해주는 책이다. 소수자의 목소리에 귀기울이는 페미니스트 저널 〈일다〉가 아니었다면 이 책은 한국 독자들과 만나지 못했을 것이다. 서툰 번역가를 신뢰하고 격려해주신 윤정은 편집장님께 깊이 감사드린다. 번역하는 내내 가장 먼저 내 문장들을 읽고 피드백과 응원을 보내준 먹먹쓰, 그리고 가족들에게도 고마운 마음을 전한다. 할아버지, 사는 건 재미있어요. 이 책이 트라우마와 함께 살아가는 이들에게 힘이 되기를 바란다.

2020년 여름

호영